Basiswissen

Politik / Geschichte / Ökonomie

Gerd Schumann

Kolonialismus, Neokolonialismus, Rekolonisierung

PapyRossa Verlag

Eine Übersicht aller Titel der PapyRossa-Reihe
Basiswissen Politik / Geschichte / Ökonomie
finden Sie unter shop.papyrossa.de/basiswissen

2., aktualisierte Auflage

Luxemburger Str. 202, D-50937 Köln
Tel.: +49 (0) 221 – 44 85 45
Fax: +49 (0) 221 – 44 43 05
E-Mail: mail@papyrossa.de
Internet: www.papyrossa.de

Druck: Interpress

Die Deutsche Nationalbibliothek verzeichnet diese Publikation in der Deutschen Nationalbibliografie; detaillierte bibliografische Daten sind im Internet über http://dnb.d-nb.de abrufbar

ISBN 978-3-89438-580-4

Inhalt

Zum Geleit

Bernhard von Bülow: Der Platz an der Sonne

Bernhard von Bülow (1849–1929) war von 1900 bis 1909 Reichskanzler. In seiner Funktion als Staatssekretär im Auswärtigen Amt des Deutschen Reiches, also quasi Außenminister, da der Reichskanzler zu jener Zeit nur Staatssekretäre hatte, hielt er am 6. Dezember 1897 im Berliner Reichstag seine schnell berühmt gewordene Rede von Deutschlands »Platz an der Sonne«. Noch ahnte niemand, dass sie den Auftakt zur Vorbereitung des Ersten Weltkriegs markieren würde. Von Bülows Vision deutscher Kolonialmacht lieferte das ideologische Fundament für die expansionistische kaiserliche Flottenpolitik, die kurz darauf ihren Anfang nahm. Nachfolgend die wegweisende Schlusspassage im Wortlaut inklusive der Reaktionen aus dem Plenum:

»In Ostasien schien der Herr Abgeordnete Dr. Schoenlank zu fürchten, dass wir uns in Abenteuer stürzen wollten. Fürchten Sie gar nichts, meine Herren! Der Herr Reichskanzler ist nicht der Mann, und seine Mitarbeiter sind nicht die Leute, irgend unnütze Händel zu suchen. Wir empfinden auch durchaus nicht das Bedürfniß, unsere Finger in jeden Topf zu stecken. Aber allerdings sind wir der Ansicht, dass es sich nicht empfiehlt, Deutschland in zukunftsreichen Ländern von vornherein auszuschließen vom Mitbewerb anderer Völker.

(Bravo!)

Die Zeiten, wo der Deutsche dem einen seiner Nachbarn die

Erde überließ, dem anderen das Meer und sich selbst den Himmel reservierte, wo die reine Doktrin thront

(Heiterkeit – Bravo!)

– diese Zeiten sind vorüber. Wir betrachten es als eine unserer vornehmsten Aufgaben, gerade in Ostasien die Interessen unserer Schifffahrt, unseres Handels und unserer Industrie zu fördern und zu pflegen.

Die Entsendung unserer Kreuzerdivision nach der Kiaotschaubucht und die Besetzung dieser Bucht ist erfolgt einerseits, um für die Ermordung deutscher und katholischer Missionare volle Sühne, andererseits für die Zukunft größere Sicherheit als bisher gegen die Wiederkehr solcher Vorkommnisse zu erlangen. In beiden Richtungen schweben Unterhandlungen, und bei der Natur diplomatischer Unterhandlungen und Geschäfte nöthigt mich dies, meine Worte sehr sorgsam abzuwägen. Ich kann aber doch Folgendes sagen: wir sind gegenüber China erfüllt von wohlwollenden und freundlichen Absichten,

(Heiterkeit links.)

wir wollen China weder brüskieren noch provozieren. Trotz der uns widerfahrenen schweren Unbill ist die Besetzung der Kiaotschaubucht in schonender Weise ausgeführt worden. Wir wünschen die Fortdauer der Freundschaft, welche Deutschland seit langem mit China verbindet, und die bisher nie getrübt wurde. Aber die Voraussetzung für die Fortdauer dieser Freundschaft ist die gegenseitige Achtung der beiderseitigen Rechte. Die Niedermetzelung unserer Missionare war der nächstliegende und war ein zwingender Grund für unser Einschreiten; denn wir waren nicht der Ansicht, daß diese frommen Leute, welche friedlich ihrem heiligen Berufe nachgingen, als vogelfrei zu betrachten wären.

(Sehr gut!)

Aber auch abgesehen von diesem traurigen Vorfall hatten wir gegenüber China eine Reihe anderer Beschwerdepunkte. Wir hoffen, dass es gelingen wird, diese Beschwerden auf dem Wege loyaler Unterhandlung gütlich beizulegen. Wir könnten aber nicht zugeben, daß sich in China die Ansicht festsetze, uns gegenüber sei erlaubt, was man sich Anderen gegenüber nicht herausnehmen würde.

(Sehr richtig! Und Bravo!)

Wir müssen verlangen, dass der deutsche Missionar und der deutsche Unternehmer, die deutschen Waren, die deutsche Flagge und das deutsche Schiff in China geradeso geachtet werden, wie diejenigen anderer Mächte.

(Lebhaftes Bravo.)

Wir sind endlich gern bereit, in Ostasien den Interessen anderer Großmächte Rechnung zu tragen, in der sicheren Voraussicht, daß unsere eigenen Interessen gleichfalls die ihnen gebührende Würdigung finden.

(Bravo!)

Mit einem Worte: wir wollen niemand in den Schatten stellen, aber wir verlangen auch unseren Platz an der Sonne.

(Bravo!)

In Ostasien wie in Westindien werden wir bestrebt sein, getreu den Ueberlieferungen der deutschen Politik, ohne unnöthige Schärfe, aber auch ohne Schwäche unsere Rechte und unsere Interessen zu wahren.

(Lebhafter Beifall.)

Quelle: Stenographische Berichte über die Verhandlungen des Reichstags. IX. Legislaturperiode. V. Session. 1897/98. Bd. 1. Berlin 1898. S. 60. Auch abgedruckt in: Rüdiger vom Bruch / Björn Hofmeister (Hg.), Kaiserreich und Erster Weltkrieg 1871–1918. Deutsche Geschichte in Quellen und Darstellung, hrsg. von Rainer A. Müller, Band 8. Stuttgart: Ph. Reclam, 2000, S. 268-70.

Einleitung

Zur Aktualität des Kolonialismus-Begriffs

Die Zeit, in der »Kolonialwaren«, »Lebens- und Genussmittel (aus Übersee)«, wie sie der Duden definiert, etwas Besonderes waren und als »exotisch« angesehen wurden, scheint vorbei. High-Speed-Infrastrukturen spülen seit Jahrzehnten Kokosnüsse, Kakao, Kaffeebohnen, Tee, fernöstliche Gewürze zu Spottpreisen in die Discountmärkte des Massenkonsums. »Kolonialwaren« – das klingt so antiquiert wie der Begriff »Kolonialismus« selbst, entstammend einer vermeintlich untergegangenen Epoche, Relikt des neunzehnten und frühen zwanzigsten Jahrhunderts, als Europa das ökonomische und politische Zentrum der Welt war.

Diesem Eindruck entsprechend wird auch und besonders in den Geschichtswissenschaften mit einiger Vehemenz und Beharrlichkeit die These vertreten, das koloniale System gehöre der Vergangenheit an. Spätestens seit den 1950er und 1960er Jahren, in denen die meisten Kolonialstaaten ihre Unabhängigkeit erlangten, sei das Kapitel abgeschlossen, wird häufig behauptet. Ein Irrtum: Kolonialismus bleibt ein Wesenszug des Imperialismus. Formen von Repression und Ausplünderung mögen sich ändern, der aggressive Charakter des Gesellschaftssystems bleibt.

Der Kolonialismus als Teil des imperialistischen Systems existiert unabhängig davon, ob die »Kolonialwaren« als solche bezeichnet werden oder nicht. In deutschen Landen erlebten die entsprechenden Güter ihre Blüte erst im 1871 gegründeten Kaiserreich. Der Begriff verschwand dann 50 Jahre später mehr und mehr aus dem Sprachgebrauch und verlor seine ursprüngliche Bedeutung schließlich vollständig. Das geschah in dem Maße, in dem sich zum einen die Kolonien befreiten oder in einen neokolonialen Zustand wechselten und andererseits der Zugriff auf die Waren alltäglich wurde.

Aktuell zunehmend deutet manches darauf hin, dass sich der imperiale Kolonialismus lediglich in einer langsam auslaufenden neokolonialen Übergangsphase befindet und vor einer wahrhaftigen Wiederauferstehung steht: technologisch wie politisch auf dem Niveau eines hochentwickelten Imperialismus – manche sagen auch »Neo-Imperialismus«. Der entstehe geschichtskonform unter den Vorzeichen der nun wieder unipolaren Weltordnung sowie einer besonders in den ehemaligen Kolonien durchschlagend negativ wirkenden Globalisierung.

Kanonenbootpolitik, Landnahme, Zollschranken und Enteignung, Fronarbeit, Rohstoffdiebstahl, Preisdiktate sowie die – direkte oder indirekte – Ausübung der politischen Herrschaft über andere Länder kennzeichneten den Kolonialismus seit jeher und nicht nur dessen »moderne« Periode mit dem Aufstieg der kapitalistischen Produktionsweise. Die Formen zur Durchsetzung von Dominanz sind inzwischen ebenso Alltag geworden wie die Abhängigkeit in den Beziehungen der unterschiedlich verfassten Teile der Welt. Heute kontrollieren die – überwiegend im Norden der Erdhalbkugel angesiedelten – 500 mächtigsten transkontinentalen Privatgesellschaften weit über die Hälfte des Weltsozialprodukts. Der Reichtum einzelner hat nie geahnte Dimensionen erreicht. Die Zahl der Milliardäre verdoppelte sich innerhalb von zehn Jahren. Allein in den ersten beiden Jahren der Coronakrise 2020/21 wuchs das Vermögen der Superreichen um hundert Prozent, so die Hilfs- und Entwicklungsorganisation Oxfam. »Amazon-Boss Jeffrey Bezos sitzt auf einem Vermögen von 188 Milliarden US-Dollar.« (FAZ, 18.1.2022) Zugleich sind Hunger, Elend, Unterdrückung der Armen »entsetzlicher denn je«, wie der Schweizer Soziologe Jean Ziegler konstatiert.

Die Geschichte des Kolonialismus handelt – mehr denn je – von der Ausplünderung von Ländern, die mit Blick auf den

Entwicklungsstand der Produktivkräfte vergleichsweise weniger fortgeschritten sind, durch ökonomisch höherentwickelte Staaten und Staatengruppen. Die wirtschaftlich und militärisch Schwächeren werden von den Apologeten der reichen Länder tatsächlich auch Kategorien wie »schwach entwickelt« oder »an der Schwelle stehend« zugeordnet. Denjenigen, die die Bewertung vornehmen, haftet die Arroganz der Macht an, was sie indes nicht weiter stört.

Die Interpretation der Weltlage ergibt sich aus den Herrschaftsbedingungen. Folglich obliegt die Definition des Wortes »Kolonialismus« immer noch den »Höherentwickelten«. Würden die von der Fremdbestimmung ihres Status Betroffenen das Sagen haben, wäre Schluss mit dem »Drumherumgerede, dem Drumherumgelaber« (Franz Josef Degenhardt). Und hätte die globale Systemkonkurrenz nicht mit einer Niederlage des Sozialismus geendet, so hätten die – vorläufigen – Sieger der Geschichte nicht die Deutungshoheit über Begriffe, deren Wesen in Form von Abhängigkeit und Unterdrückung auf ihnen lastet und über sie bestimmt.

Nebensächlich ist, ob zukünftig von einer »Renaissance des Kolonialismus«, von einem »Re-Kolonialismus« oder anderem die Rede sein wird: Die Fixierung von Begrifflichkeiten stellt sich häufig als Streit um des Kaisers Bart und also als wenig sinnvoll dar. Entscheidend wird sein, mit welchen Methoden und Ergebnissen heutzutage – und das heißt: nach dem Ende der Bipolarität – auf dem Papier unabhängige Staaten gefügig gemacht werden.

An der Inbesitznahme von Land, Bodenschätzen und menschlicher Arbeit durch die Reichen des Nordens hat sich nichts geändert, außer dass nicht mehr ausschließlich staatliche Organe für die Absicherung ihrer Herrschaft zuständig sind, sondern die Privatwirtschaft zunehmend die Funktion der dritten Gewalt übernimmt. »Erst haben sie uns die Menschen genommen, jetzt rauben sie uns das Land … – wir erleben die Rekolonisierung Afrikas«, stellte Pizo Movedi, Südafrikas UN-Botschafter, angesichts der riesigen Flächen, die inzwischen »durch Großkonzerne übernommen wurden«, bereits 2011 fest (Le Congolais, 3.1.2012). »Land grabbing« wird der aggressive Vorgang genannt – ein schönes frisches Modewort für eine kriminelle Großtat von hoher, sich ständig selbst reproduzierender Gewalttätigkeit.

Die Produktivkraftentwicklung hat Tempo aufgenommen in neuen Dimensionen, die Akkumulationsdauer von Produktionsinstrumenten der wissenschaftlich-technischen Revolution im IT-Bereich (Computerisierung der Produktion) liegt unter zwei Jahren, die Konzentration des Besitzes an den wichtigsten Produktionsmitteln in immer weniger Händen und Konsortien, die sich krakenartig ausbreiten, verläuft schnell wie nie.

Der seit Mitte des zwanzigsten Jahrhunderts exerzierte Neokolonialismus, der im Kern die Abhängigkeit von formal unabhängig gewordenen Staaten des Südens beinhaltete, wird zusehends ersetzt durch einen direkten Zugriff auf die Ressourcen und einen wachsenden Absatzmarkt. Der bleibt allerdings in den Drittwelt-Staaten auf die nationalen Eliten und eine sich herausbildende Mittelschicht beschränkt.

Multinationale Konzerne wie Chiquita, Lonrho, Daewoo, italienische, portugiesische, französische, kanadische, chinesische, belgische, japanische Großunternehmen – die Namen füllen Seiten – eigneten sich ganze Regionen an, auf Madagaskar, in der DR Kongo, in Sierra Leone, Angola, Kamerun, Moçambique – kurz: in vielen der international »ASS« genannten 49 Staaten von »Afrika südlich der Sahara«. Sie legen monokulturelle, dauerhaft naturzerstörerische Plantagen mit Palmöl, Mais, Zuckerrohr, Maniok, Soja und anderem an und produzieren aus Lebensmitteln Biotreibstoff!

Die bisher häufig praktizierte Methode des Profitsystems, millionentonnenfach Nahrung zu vernichten, Kaffee und Getreide zu verbrennen oder ins Meer zu schütten, um Preise durch Verknappung zu stabilisieren und zu treiben, wirkt altbacken gegen eine Massenproduktion von Nahrungsmitteln zur Verfeuerung direkt vor Ort und Verwandlung in ein nicht mehr verzehrbares Produkt in den Ländern der Hungernden selbst – ebendort, wo die Hälfte der über eine Milliarde ASS-Bewohner (Stand 2019) unter den direkten oder indirekten Folgen von Lebensmittelmangel leidet. Jean Ziegler dazu: »Wer auf einem Planeten, auf dem alle fünf Sekunden ein Kind unter zehn Jahren verhungert, Anbauflächen für Nahrung ihrem Zweck entfremdet und Lebensmittel als Kraftstoff verbrennt, begeht ein Verbrechen gegen die Menschlichkeit« (Ziegler, »Wir lassen sie verhungern«, S. 254).

Auch die Herrscherfamilien reicher, fundamentalistisch verfasster Feudalregime wie Saudi-Arabien, einst selbst aufgestiegen aus der Unterwerfung durch das Osmanische Reich, stecken tief im Kolonialgeschäft mit Grund und Boden. Der Clan der Sauds verfügt über unbegrenzt scheinende finanzielle Mittel. Er hat Bargeldreserven von 700 Milliarden Dollar angehäuft und einen Großteil des Geldes in den USA investiert, unter anderem in Staatsanleihen – was in angespannten internationalen Lagen bereits mehrfach für einige Unruhe sogar in Washington, dem imperialen Mittelpunkt der Welt, sorgte. In zwölf Staaten, darunter neun afrikanischen, wurden für Milliardenbeträge riesige Flächen aufgekauft. Derzeit befindet sich Saudi-Arabien unter den globalen Top Ten der Investoren in Sachen Landraub.

Nach Angaben von Oxfam wurden auf diesem Weg allein zwischen 2001 und 2015 in Entwicklungsländern insgesamt rund 227 Millionen Hektar Land veräußert – eine Fläche etwa so groß wie Westeuropa – und also der überlebensnotwendigen lokalen Landwirtschaft entzogen. Der wichtigste Agrarinvestor in Äthiopien heißt Mohamed Al-Amoudi, ein saudischer Multimilliardär. Dessen Unternehmen Star Agriculture Development Company – »Entwicklung von Landwirtschaft«: welch' euphemistische Ironie! – kaufte Tausende Hektar in den fruchtbarsten Gebieten des nordostafrikanischen Landes und legte Zuckerrohrfelder an, deren Ernten dann in den chaotischen Autometropolen zwischen Addis Abeba und Lagos landen – in Kanistern.

»Es besteht eine gewisse Ähnlichkeit zwischen Globalisierung und Kolonialismus«, konstatiert der bürgerliche US-amerikanische Publizist William Pfaff. »Vor siebzig Jahren waren die liberalen Regierungen des Westens stolz auf den Fortschritt, die Erziehung und Förderung, die sie den ›rückständigen Völkern Asiens und Afrikas‹ zu bringen glaubten. In den Ausgaben der Encyclopedia Britannica vor 1940 war die Rede vom ›universal anerkannten Genius der Kolonisation‹. Von der ›Bürde des Weißen Mannes‹, die Großbritannien in allen Breiten des Erdballs auf sich geladen hatte. Man erzählt uns heute, Globalisierung bedeute Fortschritt, Erziehung, Wohlstand und wirtschaftliche Modernisierung. Das ist nur die halbe Wahrheit. Gleichzeitig beschert sie der ›Dritten Welt‹ gesellschaftliche und politische Zerrüttung, die Vernichtung der kulturellen Grundwerte, den Ruin ihrer unterlegenen Industrie und Landwirtschaft« (zitiert nach: Scholl-Latour, S. 12).

Pfaffs Beobachtung ist nur ein Teil der Wahrheit, weil sie die Verursacher der Misere auf der südlichen Hälfte der Erdkugel nicht beim Namen nennt. Es sind im Wesentlichen die alten Kolonialmächte, die massiv Einfluss nehmen auf die zwischen Rang 120 bis 189 (Stand 2019) liegenden Länder der Liste von »mittel« oder »schlecht« entwickelten Staaten (Human Development Index), aber auch viele der vorgeblich »gut« dastehenden Staaten zwischen Rang 67 bis 119. Ihnen reicht ihr bisher praktizierter neokolonialer Anspruch auf ein Abhängigkeitsverhältnis nicht mehr aus. Zunehmend greifen sie zu militärischen Mitteln, zu Erpressung der Regierungen, zum Einsatz von Beratern und Ausbildern, um ihren Zugriff direkter abzusichern und ihren Einfluss wiederzuerlangen oder auszubauen.

In den vergangenen Jahren, die vom – nun im globalisierten, vorgeblich weltoffenen Gewand daherkommenden – Kapitalismus maßgeblich beeinflusst wurden, wurden historisch seit langem als gegeben vorausgesetzte Tatsachen und deren Interpretation einer Revision unterzogen. Bestes Beispiel aus jüngerer Zeit dürfte die 2014, hundert Jahre nach Beginn des Ersten Weltkriegs geführte Diskussion darüber sein, ob denn das erste Völkermorden im globalen Maßstab tatsächlich ein Kampf um die Neuaufteilung der Welt gewesen und vom Deutschen Kaiserreich ausgegangen sei.

Zwar herrschte bisher weitgehend Einigkeit darüber, dass dieses ob seiner späten Gründung – und also wegen der lange durch feudale Fesseln und Kleinstaaterei gehemmten Produktivkraftentfaltung im zersplitterten »Deutschland« – bei der Aufteilung von kolonisierbaren Flächen zu kurz gekommen war. Es meldete folglich angesichts seiner sich nun explosionsartig entwickelnden volkswirtschaftlichen Potenz Nachholbedarf an, der letztlich nur kriegerisch zu befriedigen war. Trotz dieser fundierten Bewertung bemühten sich Historiker um die Relativierung der deutschen Kriegsschuld.

Das »Phänomen«

Als »Phänomen Kolonialismus« bezeichnet Sebastian Conrad, Professor für Neuere Geschichte an der FU Berlin, jenes Herrschaftsmodell, das über Jahrhunderte das Leben auf der Südhalbkugel der Erde bestimmte. Das »Interesse« an jenem Phänomen nehme stetig zu, so Conrad in seinem von der Bundeszentrale für politische Bildung publizierten Aufsatz »Kolonialismus und Postkolonialismus: Schlüsselbegriffe der aktuellen Debatte«, obwohl bereits Anfang der 1960er Jahre »die meisten kolonisierten Nationen in die staatliche Unabhängigkeit entlassen wurden«.

Als Gründe für die Neubelebung der Debatte führt er indes nicht etwa die andauernde Abhängigmachung und deren Mechanismen an, mit denen sich die meisten Staaten der südlichen Hemisphäre herumplagen. Vielmehr werde »zum einen immer deutlicher, dass koloniale Herrschafts- und Ausbeutungsverhältnisse ein wichtiger Bestandteil der Entwicklung der modernen Welt gewesen sind«. Und sicherlich seien »koloniale Beziehungen auch in der Gegenwart nicht vollständig verschwunden«, doch seien diese unter »Postkolonialismus« zu fassen, was bedeute, dass sie unter dem Vorzeichen der »Globalisierung« dabei seien, zu verschwinden (Conrad, in: APuZ, 44-45/2012, S. 3-9).

Das Gegenteil ist der Fall. Mit kriegerischen, erpresserischen, machiavellistischen Methoden versuchen alte und neue Kolonialmächte dem Süden zu diktieren, was er zu tun hat. Zugleich streiten sie um ihre Einflusssphären wie vor einem halben Jahrtausend Spanien und Portugal, und vor 130 Jahren England, Frankreich, Deutschland, Belgien, Russland, weitere Mächte Europas sowie das Osmanische Reich und die USA auf der Berliner Kongo-Konferenz 1884/85.

Nach der russischen Oktoberrevolution 1917 und mit Etablierung eines global als Vorbild angebotenen antikapitalistisch strukturierten Entwicklungswegs ab 1945 wuchsen die antikolonialen Gegenkräfte zu Gegenmächten. Viele befreiten sich vom Diktat des Imperialismus, der sich gezwungen sah, neue, »neokolonialistisch« genannte Wege der Einflussnahme zu beschreiten.

Der »Kolonialismus« wurde zum Teil der Geschichte und als solcher gehandelt. Dass er in jüngster Zeit von einer aktiveren Kolonialforschung als historische Erscheinung wieder neu ausgeleuchtet wird, dient vor allem einer Umdichtung seines schändlichen Charakters in ein fortschrittliches Instrument der Entwicklungspolitik: Koloniale Einflussnahme als Heilsbringerin, die Elend und Hunger dauerhaft beseitigt. Propagiert wird so letztlich eine vorgeblich zivilisatorische Wirkung von Krieg, Versklavung und Völkermord. Die dafür verantwortliche weiße Herrschaft habe den »unterentwickelten« Völkern des Südens schließlich verschiedene Wohltaten gebracht, Infrastruktur, Bildung, Know-how. Diese vorgeblichen Wohltaten werden in Beziehung zur kolonialen Tyrannei gesetzt, die so zum notwendigen Übel zur Durchsetzung »der Zivilisation« relativiert wird.

Zugleich initiiert die aktuelle Historikerdebatte mit nationalistisch-chauvinistischen Wertungen eine ideologische Schlacht um vorgebliche Kolonialkompetenz. Beispiel Kamerun: Von

Deutschen bis 1914 regiert, entwickelte es sich effektiver als unter der nachfolgenden Herrschaft des französischen »Mutterlands«. Von der Industrie- und Handelskammer Niederrhein beispielsweise wird behauptet, dass »viele Kameruner« die »Hinterlassenschaften der deutschen Kolonialzeit mit denen der Franzosen und Engländer« verglichen: »Sie sind der Meinung, dass Deutschland viel mehr für das Land getan hat als die beiden anderen Nationen.« (www.subsahara-afrika-ihk.de)

Die Debatte dient jedenfalls revisionistischen Wünschen, die dem veränderten Einfluss der Großmächte untereinander Rechnung tragen und gleicht den zugespitzten Auseinandersetzungen im Vorfeld des Ersten Weltkriegs. Insofern könnte sie tatsächliche, handfeste Kontroversen verbal vorbereiten und diese dann begleiten.

Nach Meinung von Evo Morales, dem einstigen sozialistischen Präsidenten des »Plurinationalen Staates Bolivien« (2006-2019), ist der Kolonialismus der »politische und ideologische Zwilling« des Imperialismus. Beide zusammen seien »zwei Seiten einer Medaille«, und natürlich könnten die unterschiedlichen Dynamiken, mit denen sich die imperialistischen Machtzentren Japan, Europa und USA entwickeln, zu kolonialistischen Begehrlichkeiten untereinander führen.

Morales hatte sein Urteil über die Untrennbarkeit von Imperialismus und Kolonialismus im Juli 2013 gefällt, nachdem ihm und der Besatzung des Präsidentenflugzeugs, aus Moskau kommend, urplötzlich das längst erteilte Überflug- und Landerecht von Portugal entzogen worden war und auch Frankreich und Italien den Luftraum für seine Maschine sperrten. Sich der Supermacht aus Übersee beugend, praktizierten die altbekannten imperialistischen Kolonialmächte ihre überkommenen, von Anmaßung und Arroganz geprägten Methoden – und mussten eine Schlappe hinnehmen.

Der erste indigene Präsident Boliviens warf die Frage nach dem Verhältnis zwischen den ehemals großen Kolonialmächten der Welt auf. Dieses sei offensichtlich davon geprägt, dass die USA befehlen und Europa folgt. »Sie (die Europäer) empfinden nicht einmal mehr Scham darüber, dass sie kolonisiert sind und ihren Kolonisator auch noch zu decken haben.« Die USA hätten bewiesen, so Morales weiter, »dass sie ihre Macht allein mittels Invasionen und unsichtbaren, aber effizienten Spionagenetzen aufrechterhalten können – ein Zeichen ihres Niedergangs. Ganz wie in der Kolonialzeit setzen sie auf eine Politik der Strafen und Einschüchterung gegenüber den rebellischen Völkern von Abya Yala (dem südamerikanischen Kontinent) und deren politischen Führern« (Evo Morales Aymar, »Brief aus der Luft«, in: Le Monde diplomatique, 9.8.2013).

Mit dem Ende der Bipolarität um das Jahr 1990 herum hatte der Westen unter unstrittiger Führerschaft der verbliebenen Supermacht USA vor einer Neuorientierung seiner Politik auch gegenüber der sogenannten Dritten Welt (nach der kapitalistischen und sozialistischen) gestanden, die von Hemmungslosigkeit gekennzeichnet war. Rücksichtnahme wegen politischer Sachzwänge, wirksam wegen existierender Alternativen, wurde überflüssig. Man präsentierte sich als Sieger der Geschichte, zelebrierte seine vorgebliche Überlegenheit und bot sich als Partner an. Doch schon nach zehn ungehemmten Jahren tat sich Sonderbares, das auf den ersten Blick der Logik dieser unipolaren Zeit zu widersprechen schien.

Das Imperium, das sich noch ein halbes Jahrhundert zuvor dazu hatte entschließen müssen, in Ländern des damaligen »Trikont« – den aufbegehrenden »Drei Kontinenten« Afrika, Asien, Südamerika – die offen kolonialistischen Okkupations- und Unterdrückungsmechanismen durch neue, neokolonialistische Formen der Herrschaftssicherung zu ersetzen, kehrte zum ihm vertrauten Kolonialismus der Epoche vor dem Ersten Weltkrieg zurück. Wenn es auch noch nicht personell seine politische Macht direkt ausübte, so setzte es doch einerseits auf die Durchdringung der Regierungsstrukturen mit westlichen Spezialisten und andererseits auf eine neue Art von Kanonenbootpolitik. Diese wurden nun rigoros und ungetarnt zur Sicherung oder Wiederherstellung seiner ökonomischen Herrschaft betrieben.

Die offen aggressive, kriegerische Seite des Kolonialismus feierte eine Wiederauferstehung in ihrer alten Gestalt. Truppen der mächtigen Zentren marschierten ein oder entsandten Drohnen – als High-Tech-Interventions-Produkt – in »Failed States« wie Somalia, zunehmend auch darüber hinaus. Sie intervenierten in Staaten, die den neokolonialen Vorgaben von Weltbank und Internationalem Währungsfonds nicht folgen wollten wie Côte d'Ivoire (Elfenbeinküste), Libyen, Mali, Zentralafrikanische Republik oder in Staaten, die sich zunehmend einer neokolonialen Vorherrschaft entzogen wie Afghanistan, Jemen und Irak.

Das Rollback der nationalen Unabhängigkeit vollzieht sich bis heute widersprüchlich. China wurde ökonomisch und politisch zum Global Player, Russland überstand den unter dem skrupellosen Präsidenten Boris Jelzin organisierten Absturz in den anarchischen Neoliberalismus und überwand die jahrelange Schockstarre. Anfang des neuen Jahrtausends formierten sich aus der ehemals zwischen Ost und West stehenden Bewegung der Paktfreien Staaten neue Bündniskonstellationen wie die BRIC mit den »Schwellenländern« Brasilien, Russland, Indien, China, die 2010 um Südafrika zu BRICS erweitert wurde.

Diese entwickeln sich widersprüchlich, sind abhängig von internen Entwicklungen, wie vor allem der Regierungswechsel zu Bolsonaro in Brasilien (2019) und zurück zu Luiz Inácio »Lula« da Silva (2023) zeigt, versuchen aber tendenziell, dem Druck der hochentwickelten imperialistischen Staaten und den von ihnen dominierten Organisationen – Weltbank und Internationaler Währungsfonds (IWF) – ebenso wie den juristischen Einrichtungen Internationaler Strafgerichtshof (ICC) und UN-Sondertribunale, einen souveränen Kurs entgegenzustellen. Das geschieht meist auf staatlicher Ebene, doch stellt sich dringender denn je die Frage, wie die »Verdammten dieser Erde« – als die

Frantz Fanon die kolonial Unterdrückten bezeichnete – Formen des massenhaften solidarischen Widerstands entwickeln und einen neuen, Kontinente übergreifenden »Internationalismus« auf die Beine stellen könnten.

Revolutionen sind die Lokomotiven der Geschichte trotz aller Havarien. Geschichte handelt zudem immer von der Entwicklung der Produktivkräfte. Das ist – durch die Jahrtausende betrachtet bis heute – für die absolute Mehrheit der Weltbevölkerung deswegen tragisch, weil der angeblich niedrigere Stand ihrer »Entwicklung« über den Grad der eigenen Unterdrückung entscheidet.

Diese Vergangenheit ist zugleich Gegenwart. Sie hat hoffnungsvolle gesellschaftliche Aufbrüche eingeholt und beendet. Schien es noch Mitte des zwanzigsten Jahrhunderts, als begänne in den Ländern des Trikont tatsächlich eine »postkoloniale« Entwicklungsphase, so erlebt die Welt gerade einen sich neu formierenden Kolonialismus. Er trägt archaische Züge, erinnert in seiner Wirkmächtigkeit an den Horror mittelalterlicher Zeiten. So unglaublich es auch klingt: Seit weit über 50 Jahren ist ein Teil der Menschheit von jährlich wiederkehrenden und meist voraussehbaren Hungersnöten schrecklichen Ausmaßes betroffen. Heute stirbt in den Ländern der Dritten Welt alle fünf Sekunden ein Kind. Immer noch rafft das HI-Virus im Süden Abermillionen Infizierte dahin, weil für sie die Medikamente unbezahlbar sind.

Die Ebola-Seuche verbreitet Angst und Schrecken und erinnert an den Schwarzen Tod, wie die Pest genannt wurde. Auch diese erzwang Ausgangssperren und Isolation und sorgte dafür, dass die Kranken in den Straßen und Häusern unter erbärmlichen Bedingungen verreckten. Die Schande, die längst hätte Geschichte sein müssen angesichts der bestehenden Potenzen von Wissenschaften und Ökonomie, begleitet die Menschheit weiterhin. Trotz einer hochentwickelten Medizin, die zur Versorgung aller eingesetzt werden könnte, entscheidet der soziale Status über Leben und Tod. Die Gründe hierfür finden sich nicht in den besonders betroffenen Ländern. Sie liegen im System.

Definition: »Kolonialismus«

Das Wort »Kolonialismus« und dessen etymologische Herkunft sagt wenig über seinen Inhalt aus und nichts über den zerstörerischen, verbrecherischen Charakter des gesellschaftlichen Systems, für das es steht.

Das lateinische »colere« bedeutet »bebauen« im Sinn von »Land bestellen«. »Colonus« (lat., von »colon«, Glied) ist der »Bauer«, »Landwirt«, aber auch der »Siedler« oder »Kolone«. Der »Brockhaus« bezeichnet die Kolonen als »in der späten römischen Kaiserzeit die persönlich freien, aber erblich an die Scholle gebundenen Pächter landwirtschaftlicher Betriebe, von denen sie Abgaben und Fronden leisten mussten. Diese Form der Grundhörigkeit (Kolonat) findet sich zuerst auf den kaiserlichen Domänen, dann auch auf dem privaten Großgrundbesitz.« Das Wort »colonia« (lat.,), übersetzt als »Kolonie«, »Pflanzstadt«, »Niederlassung« oder »Ansiedlung«, deutet an, dass es mit Landnahme zu tun hat, einem aggressiven oder mindestens doch aktiven Akt, »Kolonisation« genannt.

Im ursprünglichen Sinn ist die Kolonie ein Personenverband in einem Territorium außerhalb des angestammten Siedlungsgebietes, eine »Massenansiedlung von Bürgern eines Staates außerhalb seiner Grenzen« (Sachwörterbuch der Geschichte, S. 949). So wurden vom klassischen Athener Staat in den Jahrhunderten vor unserer Zeitrechnung Siedlergruppen mit meist hundert bis zweihundert »Kolonen« von der »Mutterstadt« (griech.: metrópolis) in besetzte Gebiete entsandt, um dort eigenständige Niederlassungen zu gründen. Die vom römischen Imperium beherrschten fremden Territorien standen dagegen bereits als steuer- und abgabenpflichtige Gebiete unter direkter Herrschaft Roms.

Allgemein wird unter »Kolonialismus« vor allem die europäische Expansionspolitik verstanden, die im fünfzehnten

Jahrhundert einsetzt und zunächst von Spanien, Portugal, den Niederlanden, Frankreich und England getragen wird. Sie führt zur vollständigen Verteilung aller außereuropäischen Gebiete der ökonomisch und militärisch stärksten europäischen Staaten untereinander. Ein wichtiger Schritt auf diesem Weg ist die Berliner Kongo-Konferenz 1884/85 – der Kolonialismus erlebt eine Hochzeit. Sie reicht bis zum Ersten Weltkrieg, in dessen Zentrum das deutsch-österreichische Begehren nach Neuaufteilung der Kolonialgebiete steht.

Grundsätzlich gehören »Kolonialismus«, »Neokolonialismus«, »Postkolonialismus« und – als jüngstes Stadium – »Rekolonisierung« zu den sperrigen Begriffen, mit denen die historischen Abschnitte benannt werden, in denen sich ein politisch und militärisch weitgehend nicht selbstregiertes, ökonomisch und kulturell unterdrücktes Land oder eine Region befinden. Zum festen System, das die überwiegende Mehrheit der Erdbevölkerung unterdrückte, war der Kolonialismus erst mit der Entstehung des Imperialismus seit dem ausgehenden 19. Jahrhundert geworden. Er prägte alle nachfolgenden Stadien – bis heute.

Die Vergangenheit ist nicht vergangen. Wieder wird um Einflusssphären gestritten, und die Politik der Arroganz gegenüber dem »Süden« deutet auf die Dauerhaftigkeit des »Kolonialismus« hin, selbst wenn er von den imperialistischen Mächten nicht als solcher bezeichnet wird. Schien es spätestens Mitte des zwanzigsten Jahrhunderts, als könnten im Zug nationaler Befreiungskämpfe, einer erstarkenden institutionellen Alternative zur kapitalistischen Hegemonie und eines brüchig, ineffektiv gewordenen Kolonialsystems tatsächlich unabhängige, selbstbestimmte Gesellschaften in den jahrhundertelang drangsalierten Regionen entstehen, so fällt die ehrliche Analyse des erreichten Stands ernüchternd aus. Die Diskussion um »Kolonialismus heute« ist Bedingung für dessen Beseitigung.

I.
Die fünf Etappen des Kolonialismus
Eine Bestandsaufnahme

Den jahrhundertelangen Weg des Kolonialismus pflastern nicht nur ungezählte Millionen von Toten. Er begrub unter sich gewachsene, hochentwickelte Kulturen, von denen – wenn überhaupt – lediglich Fragmente übrig blieben. Zudem schufen die Kolonialherren eine gesellschaftliche Ordnung, die eigene, selbstbestimmte Entwicklungen der kolonisierten Gebiete verhinderte. Mittels eines strengen Repressionsapparats sorgten sie dafür, dass die Menschen, die das Kolonialsystem zu tragen hatten, schwerste Fronarbeit leisten mussten. Abermillionen blieben so über die Jahrhunderte Menschen zweiter Klasse, chancenlos, ihre Fähigkeiten auch nur zu erahnen oder gar zu entwickeln, geschweige denn die Welt zu erkennen und zu verändern, Rechtlose ohne Möglichkeit, zu Freien zu werden.

Das System zog sich, unterschiedlich konstruiert, durch alle Klassengesellschaften der Menschheitsgeschichte – mit Ausnahme der antikapitalistischen Gesellschaften nach der Oktoberrevolution 1917 – und steht für die Gier vermeintlich höher entwickelter Staaten und Imperien, sich auf Kosten anderer Völker und Länder zu bereichern. Diese Gier ist dem Kolonialismus wesensimmanent. Bereits die klassischen Sklavenhaltergesellschaften des Altertums basierten auf der Unterwerfung von fremden Ländern mit dem Ziel, die dort ansässigen Menschen und deren Leben auf die Fähigkeit zur Arbeit zu reduzieren und die Ausbeutung ihrer Arbeitskraft unter Anwendung offener, brutaler Gewalt zu erzwingen.

Allen Kolonialreichen der Geschichte haftet als ewiger Makel an, die in den eroberten Gebieten existierenden Gesellschaften nicht nur zurückgedrängt, sondern weitgehend, zum Teil endgültig, zerstört zu haben. Auch der unter kolonialistischen Bedingungen Ausgebeutete entfremdet sich von seiner Arbeit. Er weiß nicht, wofür diese dient. Allerdings darf er – im Gegensatz zum Industriearbeiter im Kapitalismus – weder seine Arbeitskraft »frei« anbieten noch den Lohn dafür »frei« aushandeln, wobei der Freiheitsbegriff, da an den Zwang zum Broterwerb gekoppelt, relativ ist. Der jeglicher Freiheit beraubte Kolonialarbeiter steht auf der Werteskala der vom Besitzer an Produktionsmitteln, Grund und Boden eingesetzten Ware Arbeitskraft ganz unten: Er ist die anonymisierte Massenware Mensch.

Die Hochzeit des Sklavenhandels jenseits des Altertums liegt zwischen der finalen, historisch relevanten Entdeckung (Süd-) Amerikas durch die iberischen Imperien 1492 im zeitlichen Vorfeld an der sechzehnten Jahrhundertwende und erstreckt sich bis ins beginnende neunzehnte Jahrhundert. Sie endet mit dem einsetzenden Wettlauf der europäischen Großmächte um die Aneignung der noch nicht kolonisierten Gebiete der südlichen Erdhalbkugel, an dem nunmehr mit den USA und dem Deutschen Reich neue aufstrebende Kolonialmächte beteiligt sind.

Dem Wesen des Kolonialismus auf die Spur zu kommen, funktioniert nur, wenn zugleich der Klassencharakter verschiedener Gesellschaftsformationen mitgedacht wird. Kolonialistische Unterwerfung begleitete die Menschheit, seit die Produktivkräfte eine Reife erreicht hatten, die die Ausbeutung von Menschen ermöglichte, also mit Entstehung der Sklavenhaltergesellschaften in Persien, Griechenland und dem Römischen Reich. Diesen *ersten Entwicklungsabschnitt* symbolisiert in der griechischen Mythologie die fiktive, im achten Jahrhundert v. u. Z. besungene Gestalt des »Odysseus«. Als ursächlich für die Gründung von Siedlungen auf fremden Territorien zu bewerten sind die militärische und ökonomische Überlegenheit des reichen Athens ebenso wie die Zwänge zur territorialen Expansion: Überbevölkerung in den Poleis und die Sicherung von

Handelswegen. Das Imperium Romanum indes baute flächendeckend auf ein koloniales System der Gewaltherrschaft in den eroberten Gebieten und errichtete dort von Rom aus gelenkte Unterdrückungsstrukturen.

Der *zweite Abschnitt* der Kolonialgeschichte begann mit den Landnahmen Islands und von dort aus auch der zeitweiligen Ansiedlung auf dem nordamerikanischen Kontinent durch die waffentechnologisch wie nautisch zwischen 800 und 1100 u. Z. bestausgestatteten Wikinger-Völker des skandinavischen und baltischen Ostseeraums. Dies blieb jedoch lediglich eine Übergangsepisode. Das gilt auch für die Kolonisierungen vor allem der oberitalienischen Stadtstaaten im Verlauf der Kreuzzüge ab etwa dem elften Jahrhundert im Mittelmeerraum und der Schwarzmeerküsten. Doch erst mit den wissenschaftlichen, wirtschaftlichen und kriegerischen Möglichkeiten der Königreiche Spanien und Portugal konnte die koloniale Landnahme zunächst auf dem südamerikanischen Subkontinent sowie in den atlantischen und indisch-ozeanischen Küstenregionen bis zum indischen Subkontinent gelingen. Für diese Entwicklung stehen die Namen Christoph Columbus und Vasco da Gama.

Das »imperiale Zeitalter« (Eric Hobsbawm) als *dritter Abschnitt* der kolonialen Entwicklung stand im neunzehnten Jahrhundert zunächst für die geografische Erschließung weiter Gebiete Afrikas, Lateinamerikas und Asiens. Diese ging jeweils der direkten Landnahme voraus, der wiederum die meist schnelle Etablierung einer an der maximalen Ausplünderung der menschlichen und natürlichen Ressourcen orientierten Fremdherrschaft folgte. Die Epoche endete mit dem Ersten Weltkrieg als erstem globalen Ringen um die Neuaufteilung der kolonialen Gebiete. Der Kapitalismus der ehemals freien Konkurrenz hatte sein imperialistisches Stadium erreicht, Monopolinteressen diktierten zunehmend nationale Politik, der permanente Umverteilungskampf um Rohstoffe und menschliche Ressourcen war eröffnet und begleitet von einem zunehmenden Interesse an

Absatzmärkten, die sich im Übergang zum neokolonialistischen Abschnitt kapitalistischer Herrschaftsausübung herausbildeten.

Im Zentrum des Neokolonialismus, des *vierten Entwicklungsabschnittes* nach dem Zweiten Weltkrieg, stand die Einfluss-Absicherung der vormaligen Kolonialherrschaft. Diese hatte in der Regel abgewirtschaftet. Die koloniale Ausbeutung stand unter dem Druck wachsenden nationalen Selbstbewusstseins, überholter Leitungsstrukturen in Ökonomie und Verwaltung sowie erweiterter internationaler Freiräume zunehmend zur Disposition und unterlag aus herrschender Sicht der Gefahr, verloren zu gehen.

Die russische Oktoberrevolution mit der folgenden Etablierung eines sozialistisch orientierten Alternativsystems zur Kapitalherrschaft begünstigte auch die antikolonialen Bewegungen. Diese etablierten sich in vielen Staaten – als Vorbote auf dem afrikanischen Kontinent der 1912 gegründete ANC (African National Congress) im industriell aufstrebenden Südafrika.

Mit der Zerschlagung des deutschen Kolonialsystems im Ersten Weltkrieg erweiterten die großen europäischen Mächte mit Großbritannien und Frankreich an der Spitze ihre Einflusssphären. An den westlichen Küsten des Atlantik dehnten die USA als der ökonomisch am schnellsten wachsende Staat ihre Macht auf vormals von Spanien besetzte Gebiete aus.

Die formale Unabhängigkeit der ehemaligen Kolonialstaaten, die in den 1950er Jahren nicht mehr aufzuhalten und in den 1960ern nahezu überall durchgesetzt war, brachte häufig unter dem Kolonialismus gewachsene nationale Eliten in politische Führungsämter. Die ökonomischen Besitzverhältnisse blieben meistens unangetastet. Wenn nicht, existierten in der Regel zumindest die alten Verteilungsstrukturen weiter. Die Produkte landeten überwiegend in den postkolonialen »Mutterländern«. Vertragliche und wirtschaftliche Abhängigkeiten wurden bekräftigt. Nationale Währungen der unabhängigen Staaten wurden häufig an die Währungen der ehemaligen Kolonialmächte gekoppelt.

Das neokoloniale System dominierte trotz mancher wirklicher Befreiungsversuche und deren Unterstützung durch die sozialistischen Länder weitgehend, zumindest in den meisten der ökonomisch wichtigsten Staaten. Das gilt erst recht nach dem Ende der Bipolarität. Ab etwa 1990 sahen sich die neokolonialen Strukturen – *Abschnitt fünf der Entwicklung* – einem zunehmend aggressiven Kolonialismus altbekannter Prägung ausgesetzt.

Manchenorts übernahmen Armeen und Spezialisten der ehemaligen Mutterländer die Herrschaft. Nationale Regierungen wurden zu – für jedermann erkennbaren – Marionetten. Seit der Jahrtausendwende führten Ex-Kolonialmächte allein in ihren alten Herrschaftsbereichen auf dem afrikanischen Kontinent etwa ein Dutzend militärische Interventionen durch oder initiierten diese. Allerdings wuchsen auch die Widerstände, wenn nicht auf der Ebene antiimperialistischer Befreiungsbewegungen, so doch auf Basis eines neuen nichtkolonialistischen Denkens in vielen Staaten des Südens.

Zugleich nimmt vor allem wegen der anhaltend starken Verelendung in weiten Teilen des Trikont die Gefahr eines Zerfalls ehemals mehr oder weniger stabil konstituierter Staaten zu. Die vom Imperialismus vorgenommenen und bei der Gründung der Organisation für Afrikanische Einheit (OAU) 1963, aus der 2002 die Afrikanische Union (AU) hervorging, bestätigten territorialen Grenzziehungen stehen zunehmend zur Disposition. Archaische, finanziell und waffenmäßig gut ausgestattete Bewegungen, die zum Teil erst durch die Förderung imperialistischer Mächte entstanden und von ihnen ursprünglich ausgerüstet wurden, besetzen vakant gewordene Räume, rücken von dort aus weiter vor und versuchen, eine ethnisch-religiös begründete Gewaltherrschaft zu etablieren. Die Zukunft dieser Regionen liegt im Dunkeln. Sicher ist, dass der Aufschwung dieser Bewegungen ein Teil des kolonialen Erbes ist. Die bis heute ungeschlossenen Wunden der ehemaligen Kolonialstaaten bleiben. Die Vernichtung von Mensch, Kultur und Natur geht weiter.

II. Klassischer Kolonialismus
(2000 v. u. Z. – 700 u. Z.)

Erste koloniale Gründungen, soweit bekannt, gab es etwa 2000 Jahre v. u. Z. Sie wurden zumeist aus Handelsgründen vorgenommen, betrafen immer fremden Boden, der häufig von Einheimischen genutzt wurde, waren also – je nach Vorgehen und Intention – mit Besitznahme von Land verbunden. Eine Zwangsläufigkeit, dass zudem Menschen unterdrückt, vertrieben oder getötet wurden, existierte nicht, in der Regel geschah dies trotzdem.

Die erste große Kolonisationswelle – nach kleineren griechischen, assyrischen, phönizischen Vorläufern – überschwemmte weite Teile des Mittelmeerraumes und des Schwarzmeergebietes. Die vereinten griechischen Stadtstaaten hatten zunächst nach langer Belagerung ihren kleinasiatischen Konkurrenten Troja (etwa 1200 v. u. Z. – nicht bestätigt) erobert und unterworfen, erweiterten ihren Handel und errichteten klassische Siedlerkolonien.

Erst später wird die fiktive Gestalt des »Odysseus« besungen und zu einer zentralen Figur in der griechischen Mythologie. Das Homer zugeschriebene Epos, die »Odyssee«, sowie auch die »Ilias« gelten als die ältesten Zeugnisse der europäischen Literatur und sind – wie alle Kunst und Kultur – meist eng mit der Geschichte und Mythenwelt ihrer Zeit verwoben. Sie entstehen im achten Jahrhundert v. u. Z. und also in etwa am Ende einer »dunkles Zeitalter« genannten Zwischenperiode der hellenischen Geschichte. Diese war von Armut, Elend und Zerstörung der alten mykenischen Kultur im zwölften Jahrhundert v. u. Z. – wahrscheinlich durch Naturkatastrophen oder durch einfallende Völker aus dem Norden oder Osten – gekennzeichnet und von Auswanderung und Entvölkerung geprägt.

Während der »Großen Kolonisation« zwischen 750 und 550 v. u. Z. erreichten die Landnahme sowie die Gründung von Siedlungen große Teile der mediterranen und kleinasiatischen Gebiete – bei »Troja« handelte es sich um eine fruchtbare Küstenregion in der heutigen Zentraltürkei – ihren Höhepunkt. Zu den griechischen Kolonien in der Türkei gehörten Smyrna (heute: Izmir), Ephesos, Pergamon, Sardis und Milet. Wenn auch formal getrennt und als selbständige Einheiten verfasst, blieben sie sprachlich, kulturell und auch politisch der »Mutterstadt« eng verbunden. Von Athen gegründete Siedlungen waren deren Teil und waren neben der Versorgung auch für eine Absicherung ihrer Herrschaft zuständig.

Die Koloniegründungen gingen von den jeweiligen Mutterstädten (Metropoleis) aus, konstituierten sich nach deren Vorbild, agierten jedoch offiziell unabhängig. Übervölkerung und Landnot in Griechenland gelten als ein zwingender Grund für die Inbesitznahme fremder Gebiete, aber auch ökonomische Interessen, Handel und die Ausbeutung von Rohstoffen. Neben einer entwickelten Mobilität spielen nautische und geografische Kenntnisse eine wichtige Rolle. Das Wissen um für die Gründung von Kolonien geeignete Orte erwuchs im Kontakt mit den als Seefahrer und Händler erfahrenen Phöniziern. Diese unterhielten im westlichen Mittelmeer Handelsstützpunkte.

Der Machterhalt durch Kolonisierung erwies sich als endlich. In der Metropole Athen selbst spitzten sich die Klassengegensätze zwischen Besitzenden, Freien und Sklaven zu. Die Entwicklung der Produktivkräfte und folglich eine beschleunigte Akkumulation von Waren und Geld führten zur Herausbildung einer kleinen Schicht von Reichen sowie zugleich zur Verarmung der Masse der »freien Bürger«. Friedrich Engels dazu: »Zur Zeit der höchsten Blüte bestand die ganze athenische Bürgerschaft, Weiber und Kinder eingeschlossen, aus etwa 90.000

Köpfen, daneben 365.000 Sklaven beiderlei Geschlechts und 45.000 Schutzverwandte – Fremde und Freigelassene. Auf jeden erwachsenen männlichen Bürger kamen also mindestens 18 Sklaven und über zwei Schutzverwandte.« (»Der Ursprung der Familie, des Privateigentums und des Staates«, MEAS (2), S. 250). Hatte die Sklavenarbeit vor allem in großen Manufakturen bis dato die »Freien« ernährt, bewirkte die Entwicklung von Handel und Gewerbe nunmehr die Konzentration der Reichtümer in wenigen Händen.

Die verarmten Freien standen vor der Wahl, »entweder der Sklavenarbeit durch eigne Handwerksarbeit Konkurrenz zu machen, was für schimpflich, banausisch galt und auch wenig Erfolg versprach – oder aber zu verlumpen« (MEAS (2), S. 250). Sie zogen die Verelendung vor und richteten so – da sie die Masse bildeten – den athenischen Staat zugrunde. Nicht etwa »die Demokratie« habe Athen zerstört, wie es, so Friedrich Engels süffisant, »die europäischen, fürstenschweifwedelnden Schulmeister behaupten, sondern die Sklaverei, die die Arbeit der freien Bürger ächtete« (MEAS (2), S. 250). Nunmehr wurden die meisten der ehemals Freien der griechischen Städte selbst zu Sklaven – als Schuldner, die sich im rasch ausbreitenden Imperium Romanum als »sprechende Werkzeuge« (instrumenti genus vocale) verdingen mussten.

Auch die Wirtschaft des Römischen Reiches, inklusive die kolonialen Besitzungen, beruhte – vor allem in Landwirtschaft, Bergbau, Handwerk, Straßenbau, Haushalt – weitgehend auf Sklavenarbeit. Bis zu einem Drittel der Bevölkerung Roms bestand aus Sklaven. Im Zuge der Expansionspolitik des Imperiums entwickelte sich ein stark expandierender Handel mit Kriegsgefangenen. Auf der ägäischen Insel Delos als Handelsplatz beispielsweise wurden nach einem zeitgenössischen Bericht im Jahr 2 v. u. Z. täglich 10.000 Sklaven verkauft.

In den Silberbergwerken von Carthago Nova arbeiteten bis zu 40.000 Männer. Sie wurden bis aufs Blut ausgebeutet.

In mehreren organisierten Revolten versuchten die Versklavten, ihre Freiheit zu erkämpfen, unter anderem auf Sizilien (136–132, 104–101 v. u. Z.), wo bis zu 200.000 von ihnen rebellierten. Deren Aufstände wurden schließlich mit ungeheurer Brutalität niedergeschlagen. Überlieferungen zufolge wurden im ersten sizilianischen Sklavenkrieg 20.000 der Unterlegenen von Felsen gestürzt oder gekreuzigt.

Der berühmte Spartacus-Aufstand begann 73 v. u. Z. Das bis zu 200.000 Männer und Frauen starke Heer aus ehemaligen Gladiatoren, Sklaven aus der Landwirtschaft, die meist von den Latifundien der Großgrundbesitzer kamen, sowie auch aus verarmten und landlosen Freien versuchte, vom süditalienischen Capua aus zurückzugelangen in die von Rom kolonisierten Provinzen Gallien und Thrakien, von wo aus die meisten von ihnen verschleppt worden waren. Sie waren auf ihrem Weg nach Norden in mehreren Schlachten siegreich, wandten sich nach Süden, um von dort übers Meer zu entkommen, wurden 71 v. u. Z. jedoch eingekesselt und vernichtet. 60.000 ehemalige Sklaven starben in der Schlacht. Zwischen 4.000 und 6.000 Überlebende wurden an der Via Appia zwischen Capua und Rom gekreuzigt, darunter Spartacus, ihr Anführer.

Die Siedler der von Rom seit dem fünften Jahrhundert v. u. Z. in Verbindung mit latinischen Städten am Unterlauf des Tiber oder allein gegründeten Kolonien (Coloniae) waren fester Teil des Imperium Romanum. Ihnen kam als militärische Vorposten vorrangig die Aufgabe zu, die Herrschaft des Zentrums zu sichern. Die Städte wurden vor allem in der Frühzeit der römischen Expansion gegründet, um neu erobertes Land dauerhaft kontrollieren zu können. Sie hatten in der Regel nur wenige Siedler (um 300). Seit dem ersten Jahrhundert v. u. Z. wurden Kolonien zur Versorgung von Legionsveteranen in Italien geschaffen, später auch in den westlichen Provinzen Gallien, Spanien und England.

Das Reich übte einen großen Einfluss auf die von ihm beherrschten Gebiete aus, aber auch auf die jenseits seiner Grenzen. Der Westen Europas wurde latinisiert, Latein zur Amtssprache. Dieses Erbe des Imperium Romanum wirkte lange nach seinem Untergang fort. Aus dem Lateinischen entstanden die modernen »romanischen« Sprachen Europas.

Seine größte Ausdehnung hatte das Imperium um 300 u. Z. erreicht, als es von Nordengland bis zu den östlichen Ufern des Schwarzen Meeres reichte. Die von ihm kontrollierten Gebiete wurden politisch von Statthaltern verwaltet. Ökonomisch waren sie gekennzeichnet durch Ausplünderung in Gestalt von Steuern und Abgaben, aber auch durch Versklavung und Ausbeutung, kulturell wurden sie dominiert vom römischen Zentrum. Die eroberten Gebiete waren in Provinzen eingeteilt, glichen jedoch von ihrer Verfasstheit her den späteren Kolonien des europäischen Kapitalismus.

III. Vorimperialistischer Kolonialismus (700–1800)

Das Imperium Romanum zerfiel im Zuge seiner Teilung 395 u. Z. – nach Gründung des oströmischen, des späteren byzantinischen Reichs – in der ersten Jahrtausendhälfte. Der Koloss war unregierbar geworden, die Produktivität sank dramatisch, die Machtstrukturen waren überdimensioniert, die Unruheherde an den Rändern gerieten außer Kontrolle, Rom selbst versank in der Unfähigkeit der Mächtigen, zu regieren. Neue Reiche von vordringenden Völkern entstanden auf dem Boden der ehemals römischen Kolonien, die der Ost- und Westgoten, das Reich der Burgunder und Franken, das der Angeln, Sachsen und Jüten in Britannien.

Ein neuer Typ Kolonialisten wuchs unterdessen in den Weiten des Nordens heran – im heutigen Dänemark, Norwegen und Schweden. Die skandinavischen »Nordmänner« (Normannen), Waräger oder auch »Wikinger«, betraten die Weltbühne als aggressive Macht etwa im siebenten Jahrhundert. Zwischen 800 und 1050 lag die wichtigste Phase ihres kolonialen Einflusses. Die Bezeichnung »Wikinger« hörten sie nicht gerne: Sie stammt aus dem Altnordischen und bedeutet wahrscheinlich »Pirat«. Die geografische Beschaffenheit ihrer Herkunftsregionen mit ihren langen Küsten und ihrem enormen Holzreichtum beförderte Seefahrt und Handel, aber auch kriegerische Landnahme.

Die Überlegenheit der Skandinavier gründete sich auf einem technologischen Vorsprung (»Als Thors Hammer Europa erschütterte«, in: Frankfurter Allgemeine Zeitung, 10.9.2014). Ihre Schiffbau- und Navigationskunst einerseits, die Bewaffnung und Entschlossenheit andererseits machten sie über ein Vierteljahrtausend lang unbesiegbar. Vor allem die großen Handels- und Kriegsschiffe waren die mit weitem Abstand schnellsten und zugleich wendigsten Ruderschiffe ihrer Zeit. Auf See sorgten deren Großsegel dafür, dass sie weite Strecken bewältigen konnten, was die Entdeckung Islands, Grönlands und Neufundlands möglich machte. Mit leichter Ladung gelangten sie zudem bis in den Oberlauf von Themse und Loire. Die Schiffe aus sorgsam gefertigten und miteinander im Klinkerverfahren verbundenen Eichenbohlen sorgten für Stabilität und zugleich Elastizität des Rumpfes. Die Krieger waren mit den modernsten Waffen der Zeit ausgestattet, verfügten über Langbögen aus Ebenholz und Axtklingen aus Walknochen.

Das Handelsnetz der Nordmänner reichte von Grönland bis zum Schwarzen Meer. Im zehnten Jahrhundert besiedelten sie das Baltikum und andere Teile des Ostseeraums sowie Regionen entlang des Dnjepr und der Wolga, landeten an den Küsten Englands, Irlands und der Normandie, an der Biskaya, Katalonien und auf Sizilien – allesamt ehemals römische Besitzungen, davor zum Teil griechische Siedlerkolonien.

Die Sprache in von den Wikingern besetzten Gebieten veränderte sich ebenso wie Handwerk und Häuserbau. Die Entwicklung glich sich durch die Übernahme importierter Technologien an, der – auch militärische – Widerstand gegen die Wikinger wuchs. Die Herrschaft des zum »Königreich« gewordenen Norwegens bröckelte: In Schottland wurden die Nordmänner bereits zu Beginn des zehnten Jahrhunderts besiegt und vertrieben; im dreizehnten Jahrhundert endete schließlich die skandinavische Oberhoheit über die Inselgruppe der Hebriden.

Island, den Ausgangspunkt für Entdeckungsreisen weiter durch das Polarmeer in Richtung Norden und Nordwesten, hatten die Wikinger bereits im achten Jahrhundert entdeckt. Der aus Norwegen stammende Erik Thorvaldsson, wegen seiner Haarfarbe auch »Erik der Rote« genannt, betrat am Ende des ersten Jahrtausends dann das riesige Grönland. Auf der Suche nach Land hatte es ihn zuvor in das von Landsleuten besiedelte und in bäuerliche Güter aufgeteilte Island getrieben. Von ebendort war er für drei Jahr verbannt worden und also gezwungen, sich von seinem Drachenschiff aus nach einem Ort zum Überleben umzusehen. Leif Eriksson schließlich, Sohn von Erik dem Roten, war es vorbehalten, den amerikanischen Kontinent zu betreten. Das zumindest berichten die »Saga der Grönländer« und die »Saga von Erik dem Roten«. Demnach segelte Eriksson im Jahr 1000 oder 1001 von Grönland nach (Nord-)Amerika. Er landete vermutlich in Neufundland. Der Saga nach hatte bereits 15 Jahre vorher der Eriksson bekannte Bjarni Herjólfsson Amerika entdeckt, nachdem er sich auf offener See verirrte. Allerdings war Herjólfsson nicht an Land gegangen.

Die Wikinger-Ära blieb letztlich eine Übergangsepisode, gekennzeichnet durch eine Art von vagabundierendem Kolonialismus. Die Produktivkräfte waren nicht reif für eine dauerhafte Inbesitznahme weit entfernt gelegener Gebiete. Zudem waren die militärischen und menschlichen Ressourcen der Nordmänner zur Herrschaftsausübung nicht ausreichend. Das trifft durchgehend auch auf andere Regionen zu – bei aller Unterschiedlichkeit ihrer Geschichte.

Levantehandel und Kreuzzüge

In Italien bildeten sich auf den Trümmern des Römischen Reichs und folgender wechselhafter Herrschaftsverhältnisse unterschiedliche sozialökonomische Strukturen heraus. Während in der Mitte und im Süden des Landes die feudalen Gewalten ihre Stellung behaupteten, entstanden ab dem elften Jahrhundert in Oberitalien – und auch in Dalmatien – politisch selbständige Kommunen. Der Aufstieg der »Seerepubliken« genannten Einheiten Amalfi, Genua, Pisa, Ragusa und Venedig beruhte auf einer »Monopolisierung des Handels zwischen dem Orient und Westeuropa« (Meyers, 7, S. 25), der von Mailand und Florenz auf der Entwicklung des Handwerks. Handel, Bankwesen, Gewerbe und Kultur. Sie erlebten vom 13. bis zum 15. Jahrhundert ihre Hochzeit, die eng verbunden war mit kolonialistischen Bestrebungen, deren Festigung und Ausbau im gesamten Mittelmeerraum bis in Schwarzmeerregionen hinein.

Die sieben christlich-abendländischen Kreuzzüge zwischen 1096 und 1270, die jeweils als »Heiliger Krieg« unter religiösen Losungen gegen »die Ungläubigen« geführt wurden und vorgeblich der »Befreiung des Heiligen Grabes« in Jerusalem dienen sollten, waren von ihrem Charakter her Eroberungsfeldzüge, richteten sich im Orient gegen den dominierenden Einfluss des Byzantinischen Reiches, einem mächtigen Feudalstaat mit Byzanz (Konstantinopel) als Hauptstadt. Sie diente bis 1453 als Zentrale der ehemaligen Ostprovinzen des Römischen Reiches, zu dem Griechenland, der Mittel- und Ostbalkan, Kleinasien, Syrien, Palästina, Ägypten gehörten. Die Kreuzzüge schufen die Voraussetzungen, die kommerziell führende Rolle der oberitalienischen und – von geringerer Bedeutung – südfranzösischen und katalanischen Seestädte im »Levantehandel« auszubauen. Unter diesen Begriff firmierten die gesamten Tauschgeschäfte europäischer Kaufleute mit Ländern der östlichen Mittelmeerküste, insbesondere Kleinasien, der syrischen Levante und Ägypten.

Der Aufschwung des Handels im Mittelmeerraum und Westeuropas ab etwa 1050 wird in Abgrenzung zur »industriellen Revolution« von einigen Wirtschaftswissenschaftlern auch »kommerzielle Revolution« genannt. Frühkapitalistische Strukturen bildeten sich heraus – bei anhaltender Dominanz der agrarischen Produktion. Erste Industrieregionen entwickelten sich in Flandern und den südlichen Niederlanden, Süddeutschland, der Toskana und Lombardei. Erstmals wurden Eisenerze verhüttet, Eisen gegossen, Glas in Manufakturen produziert, Tuchwebereien entstanden, Papiermühlen nahmen ihren Betrieb auf.

Der Handel erfuhr nicht nur im Mittelmeerraum einen starken Aufschwung, der Geldverkehr wurde zunehmend über entstehende Bankhäuser münzenlos in neuen Formen abgewickelt. Wirtschaft und Produktivität der Städtelandschaften in Westeuropa von Südengland über Flandern, das Rheinland und Süddeutschland, wo die Patrizierfamilien der Fugger und Welser ihre Geldgeschäfte ausbauten, bis nach Norditalien, die auch als »Blaue Banane« (Peter Spufford) bezeichneten urbanisierten Ballungsgebiete, waren zunehmend miteinander vernetzt, der Handel mit Fertigwaren wie feinstem Tuch, Leinen, Wollstoffen, Teppichen, Eisenwaren, Waffen, Rüstungen blühten.

Eingeleitet wurden diese bedeutenden wirtschaftlichen Veränderungen durch »Kaufleute der großen Handelsmetropolen Nord- und Mittelitaliens«. Den Händlern aus Genua, Venedig und Mailand fiel die »Vorreiterrolle« zu, »gefolgt von ihren Berufsgenossen aus Asti, Piacenza und Bologna«, aber auch aus Florenz, Lucca, Siena, Pisa und kleineren Städten (Spufford, S. 14). Sie ließen im Gefolge der Kreuzfahrer Niederlassungen entlang der Küste von Mittelmeer und Schwarzem Meer errichten, über die der koloniale Handel abgewickelt wurde.

Akko als einziger Levantehafen, in dem bei jedem Wetter Waren gelöscht und verladen werden konnten, erlangte zentrale Bedeutung für die Kreuzritter und Kaufleute. Das Königreich Jerusalem, das Fürstentum Antiochia, die Grafschaften Edessa und Tripolis und die italienischen Handelsniederlassungen erwiesen sich als zunehmend gefährliche Konkurrenz für Byzanz und dessen Geschäfte. 1204 eroberten die westeuropäischen Ritter des vierten Kreuzzuges Konstantinopel und errichteten das Lateinische Kaiserreich (Imperium Romaniae). »Venizianer, Genuesen und Pisaner verdrängten die Byzantiner immer mehr vom einträglichen Zwischenhandel (Seide, Gewürze, Sklaven, Luxusartikel, Getreide), was zur weiteren Verarmung der Bevölkerung führte« (Meyers, 2, S. 698).

»Neben Edelsteinen, Perlen und den besten Seidengeweben

war das teuerste nicht be- oder verarbeitete Gut, mit dem die Kaufleute des Mittelalters handelten, der Mensch selbst« (Spufford, S. 253). Die Sklaverei sei in der Antike in Westeuropa überall üblich und noch im frühen Mittelalter weit verbreitet gewesen, so Spufford. Auch westliche Kaufleute beteiligten sich. Anfangs des »langen 13. Jahrhunderts« gehörten Sklaven zu den Gütern, die »die Genuesen zwischen dem Maghreb und der Levante transportierten, und Ende des Jahrhunderts war ihre Kolonie in Kaffa auf der Krim zum wichtigsten Umschlagplatz für asiatische Sklaven geworden« (S. 253).

Sklaven – hauptsächlich Mädchen – wurden aus Regionen »außerhalb des christlichen Europa« herbeigeschafft. Die wichtigsten Sklavenmärkte waren Tana am Asowschen Meer und jenes Kaffa, »wo die Venezianer beziehungsweise die Genuesen ihre Sklaven kauften« (S. 254). Die Sklavinnen, darunter viele Kinder, wurden nach Westeuropa verschifft oder mussten dorthin marschieren, blieben dann in Genua oder Venedig, wurden jedoch meist weiterverkauft.

Venedigs kolonialer Herrschaftsbereich erstreckte sich auf Istrien (bis 1797), Dalmatien (bis 1797), Cattaro (bis 1797), Shkoda und Montenegro (bis 1479), Korfu (bis 1797), den Peloponnes (bis 1715), die Ionischen Inseln (bis 1797), Kreta (1207-1669/1715), Archipelagos (Dardanellen, bis 1516), Euböa (1209-1470), Ragusa (bis 1458) und Albanien (bis 1797). Handelszentren befanden sich in Alexandrien, Jaffa, Damaskus, Beirut, Aleppo, Konstantinopel, Thessaloniki, Algier, Tripolis, Tunis, Valencia, Marseille und Pisa.

Genua, seit dem 11. Jahrhundert freier Stadtstaat, »stieg im 13./14. Jahrhundert zur führenden Handelsmacht im Mittelmeer empor« (Meyers, 5, S. 344). Über Kontore und Stützpunkte wurde der kolonialähnliche Status von Sardinien (Nord), Korsika, Sizilien, der Levante, der Krim und Nordafrika verwaltet. Auch in Brüssel, La Rochelle, Lissabon, Palma de Mallorca befanden sich genuesische Niederlassungen.

Ragusa war auf Malta, in Flandern, Konstantinopel, Alexandria, Chania und Marseille tätig. Pisa erlebte seine Blütezeit als Handels- und Seemacht vom 11. bis zum 13.Jahrhundert, verlor nach der Niederlage gegen Genua in der Seeschlacht bei Meloria seinen beherrschenden Einfluss im westlichen Mittelmeer an Genua und Venedig und wurde schließlich 1406 von Florenz erobert. (Meyers, 10, S. 663)

Die Stadt am Arno und spätere Metropole der Renaissance hatte seit 1284 mit dem Sieg über Pisa die Vorherrschaft in der Toskana errungen, eine rasante Entwicklung von Handel, Bankwesen und Industrie mit Textilmanufakturen folgten. Regiert wurde sie nach dem »Sturz der feudalen Kräfte« (Loserth, S. 308) Ende des 13. Jahrhunderts durch Vertreter von sieben Zünften – Notare, Tuchmacher, Wechsler, Wollweber, Seidenweber, Ärzte, Kürschner –, genannt »Das fette Volk« (popolo grasso) über 60 Jahre hindurch. (Meyers, 4, S. 675). Im Juli 1378 kam es zu einer großen Erhebung der entrechteten Manufakturarbeiter (Aufstand der Ciompi), die einige Monate hindurch die Regierung übernahmen, jedoch scheiterten. In Florenz entstand eines der mächtigsten Bankhäuser des 15. Jahrhunderts. Das geadelte Kaufmannsgeschlecht der Medici herrschte über drei Jahrhunderte (1434 bis 1737) und stellte drei Päpste.

Nach und nach nahm die Bedeutung der oberitalienischen Städte ab. Der Blick der neu entstandenen Seemächte am Atlantik richtete sich nach Übersee und nach Süden.

An afrikanischen Küsten

Heinrich der Seefahrer, Prinz von Portugal (1394 – 1460), gilt als Ahnherr der Kolonisation Afrikas. Als Gouverneur der Algarve veranlasste er laut wikipedia ab 1418 »zahlreiche Entdeckungsfahrten entlang der afrikanischen Küste« mit einem speziell dafür entwickelten Segelschiff, der Karavelle. Die dabei gewonnenen Kenntnisse in Navigation, Kartografie und Schiffbau waren grundlegend für die zukünftige Kolonisierungspolitik. In der zweiten Hälfte des fünfzehnten Jahrhunderts verwendeten die Portugiesen bereits den Quadranten, um die geografische Breite durch Bestimmung der Höhe des Polarsterns zu berechnen. So wurden mehr als 2.000 Seemeilen westafrikanischer Küstengewässer befahren und kartografiert.

Ziel des aufwendigen Programms war es, die Araber im Handel mit Pfeffer, Gold, Elfenbein und Sklaven auszuschalten oder zu umgehen, die Vormachtstellung Genuas und Venedigs zu brechen, neue Länder zu unterwerfen und auszubeuten, die erreichten Regionen für das Christentum zu missionieren und den Islam zurückzudrängen.

Die portugiesischen Karavellen landeten schließlich in Madeira (1419) und den Azoren (1427); in Aguim (heute Marokko) wurde 1445 ein Stützpunkt gegründet, von dem aus der Menschenhandel forciert wurde. Unter König João II (1481–1495) gelangten die Seeleute bis zur Kongo-Mündung und erreichten schließlich das heutige Cape Cross in Namibia nördlich von Walfish Bay (1482–1485). Zahlreiche Befestigungen und Handelsforts wurden nach der Umsegelung des Cape of Good Hope von Moçambique aus an der afrikanischen Ostküste entlang angelegt, Knebelverträge geschlossen, Tributzahlungen erzwungen.

Vasco da Gamas Landnahmen sollten die weitere Geschichte der gesamten Region entscheidend prägen. Aus der Fahrt ›nach Gewürzen‹ entwickelte sich das afrikanisch-asiatische Kolonialreich Portugals. »Da Gama hat die Voraussetzung für die Ausbeutung Ostafrikas und der Länder um den Indischen Ozean geschaffen, die selbst in späteren Jahrhunderten kaum je übertroffen wurde« (Gernot Giertz, S. 23).

Die Columbus-Expeditionen

Die Reisen Vasco da Gamas und später die von Christoph Columbus waren ökonomisch zur wichtigen Frage für die Zukunft der damals führenden Mächte Europas, Spanien und Portugal, geworden, die großzügige Ausstattung von Expeditionen Voraussetzung für Festigung und Erweiterung von deren Herrschaft. Der Schiffbau stand in voller Blüte, die Waffentechnologien waren auf hohem Niveau, die Konservierungsmittel für Lebensmittel auf See und die Lagerkapazitäten waren vorhanden. Die Entdeckung Amerikas war »aus ökonomischen, politischen und nicht zuletzt wissenschaftlich-technischen Gründen notwendig geworden, sie entsprach – im Gegensatz zu den atlantischen Erkundungen früherer Jahrhunderte – den Erfordernissen der Epoche« (Christoph Columbus, I, Einleitung, S. 9).

Am 12. Oktober 1492 setzte Cristoforo Colombo, wie er in seiner Heimatstadt Genua hieß, seinen Fuß auf die Bahama-Insel Guanahani (San Salvador), die er für einen Teil Indiens oder Japans hielt. Columbus notierte in seinem Tagebuch: »Ich rief die beiden Kapitäne und auch all die anderen, die an Land gegangen waren …, zu mir und sagte ihnen, durch ihre persönliche Gegenwart als Augenzeugen davon Kenntnis zu nehmen, dass ich im Namen des Königs und der Königin, meiner Herren, von der gesamten Insel Besitz ergreife« (Columbus, I, S. 106). Sein Programm lautete entsprechend seiner Aufgabe: Eroberung, Plünderung, Unterwerfung.

Ein zeitgenössischer Kupferschnitt zeigt die erste Begegnung der selbsternannten Herrenmenschen mit der Bevölkerung. Der Bildtext vermerkt: »Columbus wird, als er zum ersten Mal in Indien angekommen, von den Einwohnern mit großen Geschenken verehret« (Columbus, I, S. 127). Der Eroberer selbst wertete: »Zahlreiche Eingeborene« hätten sich versammelt, und er gedachte, »sie mir zu Freunden zu machen und schenkte also einigen unter ihnen rote Kappen und Halsketten aus Glas und noch andere Kleinigkeiten von geringem Werte, worüber sie sich ungemein erfreut zeigten« (S. 106). »Sie gehen nackend umher, so wie Gott sie erschaffen. … Sie führen keine Waffen mit sich, die ihnen nicht einmal bekannt sind; ich zeigte ihnen die Schwerter, und da sie sie aus Unkenntnis bei der Scheide anfassten, so schnitten sie sich ... Sie müssen gewiss treue und kluge Diener sein, da ich die Erfahrung machte, dass sie in Kürze alles, was ich sagte, zu wiederholen verstanden« (S. 106 f.). Und falls »Eure Hoheiten den Befehl erteilen« sollten, die Inselbewohner nach Kastilien zu schaffen oder sie als Sklaven zu halten, wäre das leicht möglich, »da man mit einigen fünfzig Mann alle anderen niederhalten und zu allem zwingen könnte« (S. 111).

Das Schlüsselwort, das sich durch die weiteren Tagebuchaufzeichnungen von Columbus zieht und den Entdeckungsdrang anstachelt, heißt »Gold«. Die angelaufenen Inseln erhielten neue, spanische Namen, angepasst an den Kulturkreis der Entdecker, die Eroberer, Conquistadores sind. Diese verbreiteten Angst und schreckten, wenn sie es für nötig hielten, vor keinem Verbrechen zurück. Auf Kuba wurde Columbus von den »Indianern« berichtet, »dass auf dieser Insel Goldminen und Perlen zu finden seien« (S. 132). Und: »Sie töten niemand und berauben auch niemand seiner Freiheit; ja, sie sind alle so furchtsam und scheu, dass hundert von ihnen vor einem einzigen der Unsern die Flucht ergreifen, obzwar sie es lieben, mit ihnen zu scherzen« (Columbus, I, S. 145).

Sieben Monate (August 1492 – März 1493) sind Columbus und 39 Besatzungsmitglieder während ihrer ersten Amerika-Reise auf drei Schiffen, an der Spitze die Santa Maria, 30 Meter lang etwa, unterwegs. Er beharrte lange darauf, Asien erreicht zu haben. Sein Bericht an den spanischen König warb für eine weitere Fahrt, von der er »so viel Gold« mitbringen würde, »wie Sie brauchten ... und so viele Sklaven, wie sie wünschten«. Dabei beschränkte sich damals der Bedarf an Sklavenarbeit in den europäischen »Mutterländern« noch auf Randbereiche des höfischen Lebens. Mit als fremdländisch bestaunten Menschen schmückten sich die Herrschenden und die wirtschaftlich Mächtigen.

Columbus startet 1495 mit 1.200 Mann auf 17 Schiffen

zur zweiten Expedition. Gold wurde nicht gefunden, doch begann nun die Sklavenjagd. Von 1.500 Gefangenen wurden 500 ausgesucht, von denen 200 die fürchterlichen Bedingungen an Bord, gefesselt und in Käfige gesperrt, nicht überlebten. Auch viele von denen, die in Spanien ankamen, starben schnell. Die Investoren wurden ungeduldig.

Die Gier nach Gold und Sklaven führte zu Terror und Gewalt: Innerhalb von zwei Jahren fiel die Hälfte der etwa 250.000 auf Haiti lebenden Arawak den Eroberern zum Opfer. Mord, Verstümmelung, Massenselbstmord gingen in den kolonisierten Überseegebieten um. 1515 lebten noch etwa 50.000 Bewohner, 1550 weniger als 500, 1650 gab es keinen einzigen Arawak mehr auf der Insel. Ähnliches geschah mit den Ureinwohnern Kubas. Die spanischen Eroberer »dachten sich nichts dabei, Indianer im Dutzend zu erstechen oder Stücke aus ihnen herauszuschneiden, um die Schärfe ihrer Messer zu testen«, berichtete der junge Missionar Batholomé de las Casas, der angesichts der Grausamkeiten zum Kritiker der Eroberungspraxis wurde (zitiert nach Howard Zinn, S. 13).

Die weitere Kolonialgeschichte Amerikas fasst der US-amerikanische Historiker Howard Zinn in einem Satz zusammen: »Was Columbus den Arawak auf den Bahamas antat, fügte Cortés den Azteken von Mexiko zu, Pizarro den Inkas in Peru, und die englischen Siedler von Virginia und Massachusetts den Powhatan und den Pequot« (Zinn, S. 18). Die Ureinwohner wurden weitgehend ausgerottet, die Arawak vollständig. Für sie wurden später Afrikaner importiert, die auf Zuckerplantagen schuften mussten.

Der Sklavenhandel, der im sechzehnten Jahrhundert mit Menschenjagden in Westafrika und Angola begann, gehört zu den dunkelsten Kapiteln der Kolonialgeschichte. Fünfzig Jahre vor Columbus hatten die Portugiesen zehn Schwarzafrikaner nach Lissabon verschleppt – der Auftakt des Menschenhandels mit Afrikanern. Anfang des siebzehnten Jahrhunderts waren bereits eine Million Schwarze unter erbärmlichen Bedingungen als Fracht nach Übersee, in die Karibik, in die portugiesischen und spanischen Kolonien und zunehmend auch nach Nordamerika verbracht worden.

Karl Marx beschrieb die Intention des Sklavenhandels und seine Konsequenzen: »Die Entdeckung der Gold- und Silberländer in Amerika, die Ausrottung, Versklavung und Vergrabung der einheimischen Bevölkerung in die Bergwerke, die beginnende Eroberung und Ausplünderung von Ostindien, die Verwandlung von Afrika in ein Geheg zur Handelsjagd auf Schwarzhäute bezeichnen die Morgenröte der kapitalistischen Produktionsära. Diese idyllischen Prozesse sind Hauptmomente der ursprünglichen Akkumulation. Auf dem Fuß folgt der Handelskrieg der europäischen Nationen, mit dem Erdrund als Schauplatz« (Marx, »Das Kapital I«, MEW 23, S. 779).

Die Zahl der auf dem transatlantischen Sklavenmarkt gehandelten Ware Mensch geht in viele Millionen und kann nur geschätzt werden. Tatsächlich haben europäische Händler verschiedener Nationalität über drei Jahrhunderte lang Sklaven zuvorderst von den schwarzafrikanischen Atlantikküsten nach Übersee exportiert. Allein für Angola wird der Raub von fünf Millionen Menschen angenommen, für den Kongo und benachbarte Länder 3,25 Millionen. Zwischen 13 (Hugh Thomas) und 20 Millionen (Thea Büttner, S. 169) Schwarzafrikaner – zu zwei Dritteln junge Männer – gelangten im Zeitraum zwischen 1630 und 1870 nach Amerika, wobei die Sterbequote während der Reise, die Menschen eng an eng gestapelt auf mehreren Decks der Handelsschiffe, bei etwa 20 Prozent lag.

Zunächst verfügte Portugal über ein Handelsmonopol, dann waren neben Spanien zunehmend auch die Niederlande, Frankreich und Großbritannien beteiligt. Im achtzehnten Jahrhundert betrug der britische Anteil 41,3 Prozent, gefolgt von Portugal mit 29,3 Prozent und Frankreich mit 19,2 Prozent, das nunmehr auch in Ostafrika Menschen massenhaft versklavte, oder, wie es der Historiker Winfried Speitkamp formulierte, »für den Sklavenhandel erschloss« (Speitkamp, S. 109 f.).

Wie viele Menschen bereits der Sklavenjagd selbst zum Opfer fielen, ist schwer zu sagen. Forschungen gehen davon aus, dass »für jeden in Amerika als billige Arbeitskraft verwendeten Sklaven fünf in Afrika getötete bzw. auf dem Transport umgekommene Afrikaner hinzuzurechnen seien« (Büttner, S. 170). Die Veränderungen des wirtschaftlichen und politischen Lebens im subsaharischen Afrika waren immens. In manchen Regionen blieb die Entwicklung der Produktivkräfte über Jahrhunderte gelähmt.

Columbus und seine Nachfolger hatten mit barbarischen Mitteln die einheimischen Kulturen zerstört. Sie seien schließlich, so Howard Zinn, »nicht in eine öde Wildnis« gekommen, »sondern in eine Welt, die teilweise genauso dicht besiedelt war wie Europa selbst, wo die Kultur komplex, die zwischenmenschlichen Beziehungen gleichberechtigter waren als in Europa, und wo das Verhältnis zwischen Männern, Frauen, Kindern und der Natur vielleicht wunderbarer geordnet war als irgendwo sonst auf der Welt« (Zinn, S. 28).

Zwar herrschte eine Art Feudalismus, doch »der stammte nicht, wie der europäische, von den Sklavenhaltergesellschaften Griechenlands und Roms ab, die das antike Stammesleben zerstört hatten«. Vielmehr hätten einige der »besseren Eigenschaften des Stammeslebens«, so Howard Zinn weiter, überlebt: »ein gewisser Gemeinschaftsgeist, mildere Gesetze und Strafen« (Zinn, S. 32).

Wer die Jagd und den Transport überlebte, den erwartete in der »Neuen Welt« ein endloses Martyrium, zur Schau gestellt, verkauft, schuftend und erbärmlichen Bedingungen auf den Plantagen und in den Bergwerken ausgesetzt. Zwar habe es in Afrika vor der Ankunft der Europäer ebenfalls Formen der Sklaverei gegeben, die sich allerdings deutlich von der Minen-

und Plantagen-Sklaverei in Amerika unterschied. »Der afrikanischen Sklaverei fehlten zwei Elemente, welche die amerikanische Sklaverei zur grausamsten Sklaverei aller Zeiten machten: die rasende Gier nach grenzenlosem Profit, die mit der kapitalistischen Landwirtschaft einhergeht; und die Herabsetzung der Sklaven auf einen Status unterhalb des Menschlichen mit Hilfe des Rassenhasses, mit dieser gnadenlosen Deutlichkeit der Hautfarbe, wo Weiße Herren waren und Schwarze Sklaven« (Zinn, S. 35).

Widerstand und Befreiung

Letztlich war es lediglich Vasco da Gama zwischen 1497 und 1499 gelungen, zweimal tatsächlich den Seeweg nach Indien zu befahren – und eben nicht die Route, von der Columbus 1492 gemeint hatte, sie führe dorthin. Columbus war »zufällig« zum letzten Entdecker Amerikas geworden. Im Auftrag der spanischen Krone schaffte er die Voraussetzung für eine über Jahrhunderte andauernde Kolonialherrschaft. Erst 1824 mussten die spanischen Kolonialisten nach den Befreiungskriegen (1810–1824) unter dem »Libertador« Simón Bolívar Lateinamerika verlassen.

Vorher, seit 1791, hatte ein Sklavenaufstand das von Frankreich beherrschte Haiti erschüttert und der Insel nach langem, opferreichen Kriegsverlauf die Unabhängigkeit gebracht. Aus »Saint Domingue« wurde »Hayti«, die erste Republik, die von Mulatten und Schwarzen regiert wurde. Sie engagierte sich für die Abschaffung der Sklaverei und unterstützte die Unabhängigkeitsbewegungen in Venezuela, Peru und Kolumbien. Nach Befreiung des von Spanien besetzten Ostens der Insel (später: Dominikanische Republik) wurde auch dort die Sklaverei abgeschafft (1822).

An Frankreich wurden jahrzehntelang Entschädigungen für ehemalige, nunmehr enteignete Plantagenbesitzer gezahlt – insgesamt die für das zusehends verarmende Land gigantische

Summe von 90 Millionen Gold-Francs. Der Agrarexport stagnierte nach der Landverteilung, und korrupte Herrschaften verschärften die Lage. Die USA besetzten die Insel (1915–1934), der Diktatur des Duvalier-Clans folgte ein Militärputsch, die kurzzeitige Regierung des 1990 mit überwältigender Mehrheit gewählten Armenpriesters Jean-Bertrand Aristide endete auf die gleiche Weise. Dessen Wiedereinsetzung wurde nach militärischer Intervention Washingtons gekoppelt an eine Unterwerfung des Landes unter die Regeln von Weltbank und Internationalem Währungsfonds. Todesschwadronen, Korruption und Interventionen von außen kennzeichneten die weitere Entwicklung. 2010 kam es zu einem verheerenden Erdbeben. Haiti steht auf dem Human Development Index der UN unter »niedrige menschliche Entwicklung« auf Rang 163 (2021, von 191 Staaten) mit weiter absteigender Tendenz.

In der spanischen Kolonie Kuba setzte der Plantagenbesitzer Carlos Manuel de Céspedes ein historisches Signal. Auf dem »Balkon der Sierra Maestra« im Osten der Insel ließ der heute »Vater der Nation« Genannte seine Sklaven frei. »Mit dieser Aktion (verfügte er) auf revolutionäre Weise die Abschaffung der Sklaverei in Kuba«, so Fidel Castro (zitiert nach: »Die Wiege der Revolution«, in: junge Welt, 30.5.2009). Zehn Tage später wurde Bayamo, 1513 als zweite Siedlung der Spanier auf Kuba gegründet, Hauptstadt der »Aufständischen Republik«. Der erste Unabhängigkeitskrieg gegen die Fremdherrschaft Madrids hatte 1868 begonnen. Er ging zehn Jahre später verloren, doch waren Hunderttausende westafrikanischer Sklaven freigekommen. Und Bayamo war bis auf die Grundmauern niedergebrannt. Die Aufständischen selbst hatten ihre Stadt zerstört, als die spanischen Kolonialtruppen ante portas standen.

Während die europäischen Großmächte auf dem südamerikanischen Subkontinent zumeist Kolonien errichtet hatten, in denen Siedler eine wichtige Rolle bei der dauerhaften Landnahme spielten und Ureinwohner oder aus Afrika importierte Sklaven der weißen Herrschaft auf den in Besitz genommenen Ländereien dienten, waren in Afrika Siedlungskolonien wie Rhodesien, Südafrika, Südwestafrika Ausnahmen. Auch in Asien waren sie zunächst selten. Statt formeller Kolonien bildeten dort Handelsstützpunkte, häufig unter militärischem Schutz von Forts und anderen Befestigungen, das Rückgrat der Kolonialherrschaft. Diese wurde später etabliert durch die Schaffung von Verwaltungsstrukturen, die wiederum von europäischen Spezialisten geschaffen und kontrolliert wurden.

Die Führungsmächte Europas, zunächst die Königreiche auf der Iberischen Halbinsel, die nach und nach von den Imperien Großbritannien und Frankreich verdrängt wurden, in deren Peripherien einiger Platz auch für die kleineren, technologisch und militärisch ebenfalls beachtlich aufgestellten Monarchien blieb – Belgien, Niederlande, Skandinavien –, nahmen sich, was sie bekommen konnten. Zu Lande, wo sich ab dem siebzehnten Jahrhundert die kapitalistische Produktionsweise etablierte und nach größeren Handelsräumen und weiteren Rohstoffquellen verlangte, und vor allem zu Wasser, über das ebendiese erschlossen wurden.

Die Rahmenbedingungen für die weltweite Kolonisierung hatten sich blendend entwickelt: Schiffbauer schufen größere, schnellere und zugleich wendigere Mehrmaster, die Bergarbeiter holten Erze in industriellen Dimensionen aus den Schächten, die Schmieden verschmolzen zu immer größeren Produktionseinheiten, der Kanonenbau boomte, und die Büchsenmacher schlossen sich in Manufakturen zusammen. Über den Status eines Landes entschied, wie, in welchem Umfang und in welcher Qualität die menschliche Arbeits- und Schöpferkraft es vermochte, Waren herzustellen. Zunächst regierten feudale, in Familienclans organisierte Großgrundbesitzer, nach und nach nahmen die über industrielle Produktionsmittel verfügenden Menschengruppen Einfluss auf die Politik.

Die Französische Revolution von 1789 wurde hierfür europaweit zum Vorbild.

1494 hatten das spanische Kolonialreich und das portugiesische Kolonialreich als die damaligen Weltmächte im Vertrag von Tordesillas die Erde in eine östliche portugiesische und in eine westliche spanische Sphäre aufgeteilt. Das wurde 1529 im Vertrag von Saragossa präzisiert – ein Abkommen, das bis 1777 in Kraft blieb, obwohl zu jenem Zeitpunkt das britische Imperium längst mehr als nur ein Konkurrent geworden war. Der Wettlauf zwischen Entdeckern neuer Kontinente und Regionen lief auf Hochtouren. Das rasante Voranschreiten der kapitalistischen Produktionsweise in England und die damit einhergehenden wachsenden wirtschaftlichen und technischen Möglichkeiten drängten nach außen.

Typische Siedlerkolonien entstanden in Australien und Neuseeland. Die zentrale Rolle dabei spielte der britische Kapitän James Cook in der zweiten Hälfte des achtzehnten Jahrhunderts. 1770 nahm er den Osten Australiens als Kolonie für die englische Krone unter dem schönen Namen »New South Wales« in Besitz. Nach der Unabhängigkeit der USA von London und auf der Suche nach neuen Einflussgebieten verfrachtete das Empire Siedler und vor allem Gefangene auf den Kontinent – meist aus der Unterschicht stammend und wegen geringer Straftaten verurteilt.

Über die nach dem britischen Innenminister Lord Sydney benannte Metropole wurden bis 1868 insgesamt über 160.000 »Sträflinge« gebracht, die Zwangsarbeit leisten mussten. Die Aborigines, die Ureinwohner Australiens, wurden verfolgt, interniert, drangsaliert oder ermordet. Der Siedlerzustrom aus dem »Mutterland« hielt an – angestachelt auch durch Goldfunde Mitte des neunzehnten Jahrhunderts.

Im Oktober 1769 landete Cooks Schiff Endeavour von Tahiti kommend im Südwesten Neuseelands. Das Land wurde kartografiert, die Ureinwohner Maori nach australischem Muster verfolgt. Im »Musketenkrieg« (1829–1835) verschiedener Gruppen der Maori gegeneinander – sie waren mit europäischen Waffen ausgerüstet worden – starben etwa 20.000 von ihnen. Unzählige Opfer forderten auch die von den Weißen eingeschleppten Krankheiten.

Die Zahl der Ureinwohner Neuseelands, der ehemaligen Eigentümer von Grund und Boden auf den neuseeländischen Inseln also, wurde stark dezimiert. 1840 – Frankreich hatte zwischenzeitlich massive Anstrengungen zur Gründung einer eigenen neuseeländischen Kolonie unternommen – annektierte London das Inselreich offiziell. Die 1839 gegründete New Zealand Company warb Zehntausende Einwanderer an. Die Zahl der Maori betrug 44.000 (1891) im Vergleich zu 120.000 sieben Jahrzehnte zuvor.

Der deutsche Kolonialismus

»Groß Friedrichsburg« – schon der Name der Kolonie, installiert auf dem »schwarzen Kontinent« inmitten autochthoner Kulturen, demonstrierte Überheblichkeit: »Groß Friedrichsburg«, unter dem brandenburgisch-preußischen Kurfürsten Friedrich Wilhelm (1620–1688) aus der Hohenzollern-Dynastie gegründet, existierte offiziell von 1683 bis 1717. Es umfasste mehrere befestigte Niederlassungen auf einem etwa 30 Kilometer langen Streifen an der »Goldküste« (Golf von Guinea) westlich von Sekondi-Takoradi, der heute drittgrößten Stadt Ghanas.

Für die Landnahme war die wichtigste Voraussetzung der Aufbau einer hochseetauglichen Kriegsflotte gewesen. Sie entstand im Wesentlichen ab 1675 im Zuge des Schwedisch-Brandenburgischen Krieges (1674–1679). Das kurfürstliche Regime charterte zunächst mehrere Fregatten, denen Kaperfreiheit zugesagt wurde. Schnell wurden 21 schwedische Handelsschiffe aufgebracht. Diese bildeten dann die Basis für den Aufbau der Kriegsflotte mit über 500 Geschützen. Sie wurde bei den Belagerungen von Stettin (1677) und Stralsund (1678) und bei der Eroberung Rügens 1678 erfolgreich gegen die Schweden eingesetzt. Gebaut wurden die Fregatten auf Werften in Pillau, dem Vorhafen von Königsberg.

Adäquat zum Ausbau der Marine wuchsen die kurfürstlichen Begehrlichkeiten. Die Lukrativität des Überseehandels hatte Friedrich Wilhelm während seines Studiums in Leiden (Niederlande) kennengelernt, für ihn lag es nahe, koloniale Projekte zu entwickeln. Friedrich Wilhelms Credo, das ihn von allen anderen deutschen Fürsten unterschied, lautete: »Seefahrt und Handlung sind die fürnehmsten Säulen eines Estats, wodurch die Unterthanen beides zu Wasser, als auch durch die Manufakturen zu Lande ihre Nahrung und Unterhalt erlangen« – so stand es im kurfürstlichen Edikt vom 1. Januar 1686 (zitiert aus: Bruno Gloger, S. 329).

28 Schiffe zählte die Flotte 1680 zu Beginn der überseeischen Unternehmungen Brandenburg-Preußens (zum Vergleich: Die Niederlande als größte Seemacht verfügten über 16.000 Schiffe). Trotzdem machte sich unter den Großmächten Besorgnis breit vor allem wegen der Konkurrenz im Ostseeraum. Auf Betreiben von Benjamin Raule, einem ehemaligen Freibeuter, der es am brandenburgischen Hof zum Marine-Generaldirektor gebracht hatte, entsandten die Brandenburger eine erste Handelsexpedition in Richtung Guinea und Angola mit dem Ziel, geeignete Plätze für Stützpunkte auszumachen.

Trotz niederländischer Attacken, denen eines der beiden entsandten Schiffe zum Opfer fiel, kam es zur Landnahme an der »Goldküste«, die durch Verträge mit einheimischen Häuptlingen bestätigt wurde. Diese sicherten die Errichtung eines Forts und einer Handelsniederlassung zu. Eine zweite Expedition wurde entsandt, um die Festungsanlage zu bauen, eine brandenburgisch-afrikanische Handelsgesellschaft gegründet. Zur Besatzung gehörten auch 40 Soldaten. Am 1. Januar 1683 wurde die brandenburgische Flagge in der Nähe des Dorfes Poquesoe (heute Princess Town) am Standort für das zukünftige Fort »Groß Friedrichsburg« gehisst (Ulrich van der Heyden, S. 6).

Die erzwungenen Verträge mit den Einheimischen, die sich untereinander zerstritten und schließlich bekriegten, wurden durch den siegreichen Häuptling erneuert. Seine Konkurrenten, beide Unterzeichner des ursprünglichen Vertrags, waren getötet worden. Die Afrikaner wurden zu Untertanen erklärt, die Frondienste zu leisten hatten. Handeln durften sie nur mit brandenburgischen Kaufleuten und Truppen; die Brandenburger erhielten das Siedlungsmonopol. Eine Art »Glasperlenhandel« mit einfachen Eisenerzeugnissen und Rubinglas bescherte den Kolonialisten Sklaven, Gold, Elfenbein und Edelsteine.

Es begannen rege Tauschgeschäfte. Die »Chur Prinz« segelte mit einer ersten Ladung Sklaven nach Übersee (Westindien). Die Brandenburger erweiterten die Befestigungen, verbanden Bastionen untereinander mit mächtigen Mauern, die wiederum mit Dutzenden Kanonen bestückt wurden. Unterkünfte, Warenlager, Sklavengefängnisse, zweistöckige Gebäude für die Garnison mit etwa 90 Bewaffneten entstanden bis 1685. Expansionsversuche im Binnenland scheiterten. Niederländer und Einheimische attackierten Schiffe und die Garnison. Trotzdem ließen sich die erzielten Gewinne aus Sicht des Kurfürsten sehen. Zur Absicherung des florierenden Sklavenhandels wurde 1685 ein Vertrag mit der dänischen Westindien-Kompanie geschlossen, in dem die Vermietung eines Teils der seit 1666 von Dänemark okkupierten Antilleninsel St. Thomas an Brandenburg festgelegt wurde – als Standbein des Handels in der Karibik und Amerika (van der Heyden (2), S. 44).

Der Niedergang setzte ab etwa 1695 ein. Immer offensichtlicher wurde, dass die finanziellen und militärischen Mittel Brandenburg-Preußens nicht für eine dauerhafte Sicherung der Präsenz ausreichten. Es fehlte an ökonomisch potenten Unterstützern, die die Mittel für den notwendigen weiteren Ausbau der Flotte und der Handelswege aufgebracht hätten. 1711 war die Kolonie bankrott. Die Schiffe verfielen ebenso wie die Festungsanlagen. König Friedrich Wilhelm I. (1713–1740) verkaufte schließlich bis 1720 die brandenburgische Afrika-Kolonie an die Niederländische Westindien-Kompanie für 7.200 Dukaten und zwölf Sklaven. Die Episode der ersten deutschen Kolonialmacht, Brandenburg-Preußen, hatte 35 Jahre gedauert. Die Niederländer benannten die Festung in »Hollandia« um. Nach dem Zweiten Weltkrieg fanden zwei Kanonen aus den Überresten Groß Friedrichsburgs Platz in der Emdener Bundeswehrkaserne.

Die Brandenburger scheiterten, während die anderen Kolonialmächte weiter erstarkten. Vor allem der höhere nautische und waffentechnologische Entwicklungsstand sowie die Fertigkeiten der produzierenden einheimischen Handwerker bewirkten eine kontinuierliche Ausweitung ihrer Herrschaftsgebiete, während in deutschen Landen die bürgerliche Revolution von 1848 gestoppt und die Bourgeoisie von der Fürstenherrschaft in ihre Schranken verwiesen wurde. Angesichts der restaurierten Macht von Adel und Klerus stagnierte die politische Entwicklung und auch die sich herausbildende Industrie. Millionen Landarbeiter flüchteten mangels Broterwerb nach Übersee in die »Neue Welt«, einem Ableger der französischen und britischen Kolonialmächte.

Derweil befand sich die Entwicklung der Produktivkräfte in England längst im Übergang vom Stadium der freien Konkurrenz des Kapitals in das Zeitalter der Monopole und Trusts. Das Empire war, trotz des Verlusts seiner nordamerikanischen Kolonien, zur unumstrittenen Supermacht geworden, reich an Bodenschätzen, Land und neuen Absatzmärkten. Das imperialistische Zeitalter stand bevor, und mächtige Konkurrenz baute sich auf – in Europa und Übersee.

IV.
Die imperialistische Aufteilung der Welt
(1800–1914)

Die Aufteilung der Welt wurde etwa gegen Ende des neunzehnten Jahrhunderts abgeschlossen. Weniger als zehn Staaten – in der Hauptsache England, Frankreich, Deutschland, Italien, die Niederlande, Belgien, die USA und Japan – waren daran beteiligt. Die geringe Zahl deutet an, dass mit der Aneignung von Fläche eine Spaltung der Erde in »Starke und Schwache, ›Fortgeschrittene‹ und ›Rückständige‹« (Eric Hobsbawm, S. 82) einherging. Das Wachstumstempo der Weltwirtschaft steigerte sich im Nordwesten der Erdkugel enorm und vertiefte die Kluft zwischen armen und reichen Regionen, zwischen hochentwickelten und zurückgebliebenen Ländern – eine Tendenz, die bis heute anhält, obwohl formal die »Kolonialreiche«, die sich seinerzeit formierten, nicht mehr existieren.

Mit der industriellen Revolution in den mächtigsten imperialistischen Ländern Großbritannien und Frankreich kam zu den »alten Methoden der kolonialen Ausbeutung die Ausbeutung durch das Industriekapital« (Sachwörterbuch der Geschichte, SdG, S. 946) hinzu. Das geschah insbesondere durch Erschließung der Kolonien als Absatzmärkte für industriell gefertigte Waren zu hohen Preisen. Die Abhängigkeit und der Ausplünderungsgrad erhöhten sich wegen des nichtäquivalenten Charakters des Warenaustausches. Der Handel mit Rohstoffen verdreifachte sich zwischen 1880 und 1913.

In seinem Werk »Der Imperialismus als höchstes Stadium des Kapitalismus« (geschrieben 1916) zitiert Lenin den österreichischen Geografen Alexander Supan. Der stellte in seiner Schrift »Territoriale Entwicklungen der europäischen Kolonien« von 1906 fest: »Das Charakteristische dieser Periode ist also die Aufteilung Afrikas und Polynesiens.«

Der russische Marxist kommentierte: »Da es in Asien und Amerika keine unbesetzten Länder gibt, d. h. solche, die keinem Staate gehören, so muss Supans Schlussfolgerung dahingehend erweitert werden, dass das Charakteristische dieser Periode die endgültige Aufteilung der Erde ist, endgültig nicht in dem Sinne, dass eine Neuaufteilung unmöglich wäre – im Gegenteil, Neuaufteilungen sind möglich und unvermeidlich –, sondern in dem Sinne, dass die Kolonialpolitik der kapitalistischen Länder die Besitzergreifung unbesetzter Länder auf unserem Planeten beendet hat. Die Welt hat sich zum ersten Mal als bereits aufgeteilt erwiesen, so dass in der Folge nur noch Neuaufteilungen in Frage kommen, d. h. der Übergang von einem ›Besitzer‹ auf den anderen, nicht aber die Besitzergreifung herrenlosen Landes.«

Lenin weiter: »Wir leben folglich in einer eigenartigen Epoche der kolonialen Weltpolitik, die aufs engste verknüpft ist mit ›der jüngsten Entwicklungsstufe des Kapitalismus‹, mit dem Finanzkapital. Es ist daher notwendig, vor allem eingehender bei dem Tatsachenmaterial zu verweilen, um sowohl den Unterschied dieser Epoche von der vorhergegangenen als auch die gegenwärtige Sachlage so genau wie möglich zu klären. Zunächst tauchen hier zwei Fragen auf: Ob eine Verstärkung der Kolonialpolitik, eine Verschärfung des Kampfes um die Kolonien gerade in der Epoche des Finanzkapitals zu beobachten ist und wie gerade in dieser Hinsicht die Welt augenblicklich verteilt ist« (LW 22, S. 260 f.).

Die europäischen Ausfuhren stiegen, die Handelsschiffstonnage der Welt verdoppelte sich, das Eisenbahnnetz wuchs von 200.000 Kilometern im Jahr 1870 auf über eine Million bis 1914. Durch die Beschleunigung des Transports und neue Konservierungsmethoden von Lebensmitteln konnten nunmehr auch tropische und subtropische Früchte in Europa angeboten werden. Gleichzeitig entstanden in den Herkunftsländern Monokulturen.

Zwischen 1870 und 1890 erhöhte sich die weltweite Roheisenproduktion in den fünf größten Erzeugerländern von elf auf 23 Millionen Tonnen, die Produktion von Stahl stieg um das Zwanzigfache auf elf Millionen Tonnen. 1870 hatten die wichtigsten vier Industriestaaten knapp 80 Prozent der Produktion auf sich vereinigt. Auch der Handel wuchs in beachtlichem Tempo weiter. Die wachsende Konkurrenz aus Deutschland und den USA bedrängte England zusehends, doch behielt dessen Industrie vorerst seine Rolle als »Werkstatt der Welt« (Benjamin Disraeli: Rede im Unterhaus, 15.3.1838), als die das Land bis dahin gegolten hatte.

Die Expansion der Kolonialmächte verstärkte sich sprunghaft. Zwischen 1876 und 1915 wurde etwa ein Viertel der Landoberfläche der Erde als Kolonien unter einem halben Dutzend Staaten verteilt oder umverteilt. Bereits 1856 hatte Großbritannien die Eroberung Indiens und eines Teils von Burma (Myanmar) abgeschlossen. Mit den Opiumkriegen (1839–1842, 1856–1860) leitete England die Kolonisierung Chinas ein, und 1882 besetzte es Ägypten. Frankreich bemächtigte sich in den Jahren 1830–1847 Algeriens, 1858–1862 Südvietnams und 1885 Nordvietnams. 1863 errichtete es ein Protektorat über Kambodscha.

Der Unternehmer Cecil Rhodes (1853–1902), der wichtigste britische Exponent des Wettlaufs um Afrika, leitete die unbedingte Notwendigkeit der Erschließung neuer Kolonien aus der wachsenden sozialen Unzufriedenheit der Arbeiterklasse in England ab. Lenin zitiert den Protagonisten der Landnahme im imperialistischen Zeitalter, nach dem 1923 Südrhodesien als Kronkolonie des Empires (1965: Rhodesien, 1980: Zimbabwe) benannt wurde: »Meine große Idee ist die Lösung des sozialen Problems, d.h. um die vierzig Millionen Einwohner des Vereinigten Königreichs vor einem mörderischen Bürgerkrieg zu schützen, müssen wir Kolonialpolitiker neue Ländereien erschließen, um den Überschuss an Bevölkerung aufzunehmen, und neue Absatzgebiete schaffen für die Waren, die sie in ihren Fabriken und Minen erzeugen. Das Empire, das habe ich stets gesagt, ist eine Magenfrage. Wenn Sie den Bürgerkrieg nicht wollen, müssen Sie Imperialisten werden.« (LW 22, S. 261)

Großbritannien vergrößerte seine Territorien bis Ende des neunzehnten Jahrhunderts um etwa zehn Millionen qkm, Frankreich um 8,75 Millionen, Belgien und Italien um jeweils etwa 2,5 Millionen qkm. Seit Anfang des 19. Jahrhunderts beteiligten sich auch die USA am Wettlauf um Kolonialbesitz. 1821 fiel das bis dahin mit Unterbrechungen seit 1513 spanisch dominierte Florida an Washington. 1823 verkündeten die USA die Monroe-Doktrin, womit sie ihren Anspruch auf die alleinige Ausbeutung der lateinamerikanischen Länder anmeldeten: Mit ihr erklärte Washington jeden künftigen Versuch einer Kolonisierung oder politischen Intervention in die westliche Hemisphäre durch europäische Mächte zu einem feindseligen Akt. Mit wachsender Stärke der USA wurde die Monroe-Doktrin durch die europäische Konkurrenz ernstgenommen.

Der Übergang der führenden kapitalistischen Staaten zum Imperialismus seit dem letzten Drittel des 19. Jahrhunderts – die enorme Zunahme wirtschaftlicher Macht in den Händen weniger Monopole, die Entwicklung des Finanzkapitals und die beginnende Aufteilung der Welt in Interessensphären internationaler Trusts – musste zwangsläufig die Auseinandersetzungen zwischen den Großen verschärfen. Der Aufteilung der Welt unter den Kolonialmächten folgte der Kampf um die Neuverteilung des Kolonialbesitzes. Großbritanniens Vorherrschaft bröckelte entsprechend des Aufstiegs von Deutschland in Europa. Zugleich deutete sich jenseits des Atlantiks das Erstarken eines weiteren Konkurrenten bereits an und manifestierte sich insbesondere in der Kolonialpolitik.

Die USA machten sich nach und nach selbständig von London und Paris: Das Riesenland, dessen Ureinwohner mit brutaler und überlegen bewaffneter Siedlungsgewalt getötet, vertrieben und in Reservaten interniert worden waren, hatte sich rasant eine eigene Ökonomie geschaffen und dabei auch auf Sklavenarbeit gebaut. Es expandierte und wurde zum ernstzunehmenden Gegner der spanischen und portugiesischen Kolonialmächte vor allem in Zentral- und Lateinamerika.

Im Spanisch-Amerikanischen Krieg 1898 ging es um die Aneignung von Madrids Kolonialbesitz durch die USA. Das Deutsche Reich nutzte die Niederlage Spaniens aus und vergrößerte auf dessen Kosten seine kolonialen Besitzungen durch den Kauf der vor allem strategisch bedeutsamen Karolinen, Marianen und Palauinseln.

Japan besetzte chinesischen, russischen und koreanischen Boden. Portugal vergrößerte seine afrikanischen Kolonien Angola, Moçambique, Guinea-Bissau. Spanien, das Übersee-Gebiete an die USA abtreten musste, betätigte sich in Marokko und der Westsahara. Russland dehnte sich territorial durch Einnahme von Nachbargebieten aus; der Besitz der Niederlande stagnierte weitgehend. Lediglich auf den indonesischen Inseln expandierte das Königreich weiter, während Schweden und Dänemark ihre Gebiete in der Karibik, Asien und Afrika aufgaben oder bereits aufgegeben hatten. Kopenhagen behielt allerdings seine Besatzerrolle als »Schutzmacht« in Island und Grönland.

Japans Kolonialaufstieg

Japan, das Land der 6.852 Inseln, hatte sich über Jahrhunderte von der Außenwelt, von Wandel durch Handel, abgeschottet. Erst Mitte des neunzehnten Jahrhunderts musste es seine Selbstisolation unter dem direkten militärischen Druck der USA, aber auch dem wachsenden Verlangen des britischen Empires und Russlands Zarenreich, aufgeben. Vor allem Washington hoffte auf neue Absatzmärkte und versuchte zudem, Fuß zu fassen im geopolitisch von europäischen Mächten dominierten Pazifikraum.

Innenpolitisch hatten sich die feudalistischen Machtverhältnisse als wachsendes Hindernis für die Entwicklung moderner Produktivkräfte erwiesen. Auch führte »die besonders grausame Unterdrückung und Ausbeutung der Bauern« zu immer mehr Aufständen – von 1.300 ist die Rede (Weltgeschichte in Daten, S. 400). »Kostspielige Hofhaltung und steigende Bedeutung des Geldes bringen die Feudalherren in immer stärkere Abhängigkeit von den Kaufleuten« (ebd.). Die Öffnung des Landes, die Überwindung seiner Zersplitterung in Fürstentümer und die Ersetzung von deren Verwaltung durch ein zentralistisch geführtes Kaiserreich sowie zaghafte Reformen stärken die Herausbildung einer Bourgeoisie. Es kommt zu einer raschen Entwicklung des Kapitalismus. Das Industriepotential entwickelt sich enorm schnell, die politischen Strukturen, Verwaltung, Diplomatie und Heerwesen bleiben jedoch in den Händen der alten Feudalkräfte.

Die industrielle Potenz wächst und mit ihr die Waffenproduktion, das aggressiv verfasste Kaiserreich drängt nach außen. Hatte es bei der Schaffung von Kolonien in der Region bis dahin nicht mitmischen können, so erhob es nun umso kräftiger seine Stimme. 1879 wird die Inselgruppe Okinawa zur japanischen Präfektur erklärt. China protestiert vergeblich. 1894 landen japanische Truppen im Königreich Korea, das unter Kontrolle der chinesischen Monarchie steht. Der japanisch-chinesische Krieg endet 1895 mit einem Sieg des Aggressors, der einen »Bündnisvertrag« mit Korea gegen China schließt und zudem die Insel Formosa (heute: Taiwan) übernimmt. Zehn Jahre später wird Korea in Folge des siegreichen Krieges mit Russland japanisches Protektorat und 1910 offiziell japanische Kolonie. Zudem festigt das zur imperialistischen Großmacht aufgestiegene Kaiserreich seinen Einfluss in der Mandschurei. Sie wird 1931 besetzt. Im Verlauf des Ersten Weltkriegs hatte Japan seinen Außenhandel um etwa das Vierfache gesteigert.

Nach dem Ersten Weltkrieg fallen die deutschen Kolonien Kiautschou und die Inselgruppen der Palauinseln, Karolinen, Marshallinseln und die Nördlichen Marianen an Japan. »Mit seiner Expansion hatte sich Japan auf die Weltbühne gedrängt« (»Die koreanische Tragödie«, Die Zeit, 19.8.2010). In Korea hatte das Kolonialregime zunächst eine brutale Repression praktiziert. »Gendarmen in schwarzen Mänteln kassierten Oppositionelle und ›halfen‹ beim ›Einbringen‹ der ständig gesteigerten Reisexporte für Japan« (ebd.). Später baute die japanische Bourgeoisie das Land zur Produktionsstätte für Rüstungsgüter aus. Am Ende des Zweiten Weltkrieges stellten Koreaner ein Drittel der industriellen Arbeitskraft Japans (ebd.). Bis zu 200.000 Frauen und Mädchen, verschleppt vom Land und aus Schulen, wurden in etwa 2.000 Militärbordellen, eingerichtet in den von Japan besetzten Gebieten Asiens, als Zwangsprostituierte missbraucht.

Nach dem Überfall auf die US-Militärbasis Pearl Harbor Ende 1941 unterjochte das militaristische Kaiserreich Thailand, Singapur, Borneo, Hongkong, Burma, Malaya, Indonesien, Neuguinea. Schon vorher hatte das mit dem deutschen und dem italienischen Faschistenregime verbündete Japan die gesamte chinesische Küste sowie Französisch-Indochina (Vietnam, Laos, Kambodscha) besetzt. Ziel war es, ein »Großasien« unter japanischer Führung zu errichten (Weltgeschichte, S. 822).

Das Deutsche Reich

In den achtziger Jahren des 19. Jahrhunderts machte Deutschland mit der Einrichtung von »Schutzgebieten« seine ersten kolonialpolitischen Schritte – diesbezüglich ein später Start auf die Bühne der Großen der Welt, der nach der Inthronisierung von

König Wilhelm I. zum Deutschen Kaiser am 18. Januar 1871 schnell Tempo aufnahm. Das bis dahin lange bestehende Kräfteverhältnis veränderte sich in kurzer Zeit grundlegend.

Das neue Reich wurde zur kapitalistischen Großmacht. Als nunmehr bevölkerungsreicher Einheitsstaat, der seine erheblichen naturwissenschaftlichen und technischen Ressourcen zusammenfasste und entwickelte, erlebte es einen gewaltigen ökonomischen Aufschwung. Eine Explosion der Produktivkräfte machte die in den Böden an Rhein und Ruhr sowie in Oberschlesien ruhenden Erz- und Kohleschätze zur Grundlage für eine Montanindustrie. Hochöfen schmolzen Eisenerze zu Stahl, der zum Bau von Infrastruktur, zum Beispiel Schienen, Lokomotiven und Waggons, aber auch zur Herstellung von Kanonen und Granaten benötigt wurde; in gigantischen Schmieden vollzog sich deren Produktion in immer arbeitsteiligeren Schritten.

Der englische Imperialismus verlor seine Spitzenposition, was den Industrialisierungsgrad und den Standard der Produktivkräfte betraf. Unternehmenskomplexe entstanden, die Banken nahmen immer mehr eine Rolle als Investoren ein. Die wachsende Ökonomie geriet an ihre nationalstaatlichen Grenzen und verlangte nach neuen Einfluss- und Absatzmärkten. Doch waren diese bereits unter den vormals großen Mächten aufgeteilt und abgeschirmt: Sie gehörten zum jeweiligen »Mutterland«. Ein global »freier Handel« existierte nicht.

In Deutschland hatten erst in der zweiten Hälfte des 19. Jahrhunderts Hamburger und Bremer Kaufleute ein weitverzweigtes überseeisches Netz von Handelsniederlassungen und Plantagen, besonders im Südseegebiet, geschaffen. Nunmehr, acht Jahre nach Reichsgründung, setzte sich die stark gewordene prokolonialistische Bewegung in der prosperierenden Handels- und Finanzbourgeoisie durch. Teile der Hochfinanz und der Schwerindustrie drängten auf kolonialistische Landnahmen und verbanden sich. 1882 entstand der Deutsche Kolonialverein, 1884 die Gesellschaft für deutsche Kolonisation. Die Organisationen schlossen sich 1887 zur einflussreichen Deutschen Kolonialgesellschaft zusammen.

Nach Überwindung der territorialen Zersplitterung, die eine Entwicklung der neuartigen Produktivkräfte stark behindert hatte, wuchs die Wirtschaft in ungeahnten Dimensionen. Das auch politisch nach dem deutsch-französischen Krieg 1870/71 erstarkte Deutsche Reich mit Kanzler Otto von Bismarck moderierte die Berliner Kongo-Konferenz 1884/85 und vermittelte dem relativ kleinen Königreich Belgien die Oberhoheit über das riesige Kongobecken – als Puffer zwischen französischen und britischen Interessen in Afrika. Währenddessen wurde am Rande der Verhandlungen in bilateralen Abmachungen der Kontinent aufgeteilt: Deutschland sicherte sich nicht unbedeutende Teile des großen afrikanischen Kuchens.

Im April 1884 waren die »Besitzungen« des Bremer Kaufmanns Adolf Lüderitz in Südwestafrika unter den »Schutz« des Reiches gestellt worden; im Juli 1884 hisste der Afrikaforscher Gustav Nachtigal im Auftrag der Bismarck'schen Regierung in Togo und Kamerun die deutsche Flagge. Im darauffolgenden Jahr wurde für die durch den Präsidenten der Gesellschaft für deutsche Kolonisation Carl Peters »erworbenen Territorien« in Ostafrika (Februar 1885) sowie für die Aneignungen der Neu-Guinea-Kompanie im nordöstlichen Neuguinea und auf den vorgelagerten Inseln (Mai 1885) der kaiserliche Schutzbrief ausgestellt.

Betrug, Erpressung, Raub und Bestechung waren auch die Geburtshelfer des sich entfaltenden deutschen Kolonialreiches. Kurze Zeit nach diesen kolonialen Annexionen wurden ihre Initiatoren, die hanseatischen Kaufleute, durch das Finanzkapital aus dem Kolonialgeschäft verdrängt. Bei Verhandlungen um Grenzziehungen traten immer stärker deutsch-britische Gegensätze zutage.

»Platz an der Sonne«

»Wir verlangen auch unseren Platz an der Sonne«, erklärte 1897 der Staatssekretär im deutschen Außenamt und spätere Reichskanzler Bernhard von Bülow. Seine Rede lieferte das ideologische Fundament für eine aggressive, abenteuerliche Kolonialpolitik. In deren Mittelpunkt standen Ausbau und Einsatz einer mächtigen Kriegsflotte.

Von Bülows Ansprache vor dem Reichstag verdeutlichte ausdrucksstark den offenen, nationalistischen Chauvinismus, zu dem sich die Rechtskräfte – konservative und liberale »Hurra-Patrioten« – auch im Parlament bekannten. Die damals marxistischen Sozialdemokraten, die 1897 nahezu ein Viertel der Abgeordneten stellten, blieben isoliert und wurden niedergeschrien, von Bülow dagegen mehrfach von Beifallsbekundungen und Hoch-Rufen unterbrochen. Seine Kriegsansage lautete: »Die Zeiten, wo der Deutsche dem einen seiner Nachbarn die Erde überließ, dem anderen das Meer und sich selbst den Himmel reservierte, wo die reine Doktrin thront (Heiterkeit – Bravo!) – diese Zeiten sind vorüber. Wir betrachten es als eine unserer vornehmsten Aufgaben, gerade in Ostasien die Interessen unserer Schifffahrt, unseres Handels und unserer Industrie zu fördern und zu pflegen« (Siehe: Zum Geleit).

Die Tötung zweier deutscher Missionare in China lieferte den »willkommenen Anlass« (SdG, S. 951), um im November 1897 drei deutsche Kriegsschiffe in die Bucht von Kiautschou zu entsenden. Durch Vertrag vom 6. März 1898 wurde China gezwungen, Kiautschou auf 99 Jahre an Deutschland abzutreten. Unterdessen gestaltete sich als Folge der britischen Niederlage im südafrikanischen Burenkrieg kurz vor der Jahrhundertwende die Mächtekonstellation noch einmal günstig für das imperialistische Deutschland. Großbritannien gab mit dem deutsch-englischen Samoa-Vertrag vom 14. November 1899, der am 2. Dezember durch ein deutsch-englisch-amerikanisches Abkommen ergänzt wurde, kaiserlichen Forderungen nach Annexion der Samoa-Inseln statt. Das Deutsche Reich erhielt den westlichen Teil der Samoa-Inseln mit Upolo und Sawai.

Berlin wandte sich dem Nahen Osten zu, insbesondere der Türkei. 1888 erhielt die Deutsche Bank die Konzession für den Bau der Eisenbahnstrecke Ismid–Angora, und Ende Januar 1899 erteilte der Sultan die Konzession zum Bau der Eisenbahnstrecke Konya–Bagdad–Basra. Die Sicherung der Bahnlinie Berlin–Bagdad zwang Deutschland zu einem stärkeren Zusammengehen mit der Balkanmacht Österreich-Ungarn.

Im Gefolge der zweiten Marokkokrise 1911 erhielt das Deutsche Reich mit der Vergrößerung Kameruns noch einmal einen größeren kolonialen Gebietszuwachs. Es verfügte damit über Südwestafrika, Ostafrika, Kamerun, Togo, Neuguinea, Südseeinseln, Samoainseln und Kiautschou mit insgesamt knapp 13 Millionen Einwohnern, darunter etwa 24.000 Europäer.

Die Politik der Kolonialmacht war gekennzeichnet durch Raub der Naturreichtümer, Vertreibung Zehntausender Bewohner aus ihren Dörfern zur Zwangsarbeit auf den Pflanzungen, durch Landraub und Vernichtung ganzer Volksstämme. Der Aufstand der Herero und Nama in Südwestafrika 1904 wurde von den »Schutztruppen« mit einem Völkermord beendet: Zehntausende Frauen, Männer und Kinder wurden in die Wüste getrieben und kamen dort um. Erst weit über ein Jahrhundert nach dem Völkermord erkannte die Bundesrepublik 2021 diesen als solchen an. Zudem sollen als Kompensationszahlungen in einem Zeitraum von 30 Jahren 1,1 Milliarden Euro in namibische Entwicklungsprojekte fließen. Vor allem Vertreter der betroffenen Herero und Nama kritisieren die Vereinbarung. Sie sei »nichts als ein PR-Coup Deutschlands und ein Akt des Betruges der namibischen Regierung, hieß es in einer Erklärung der Ovaherero Traditional Authority und Nama Traditional Leaders Association« (Deutschlandfunk, 21.9.2021). In Ostafrika forderte 1905 die Niederschlagung des Maji-Maji-Aufstands durch die Deutschen laut Angaben der Kolonialverwaltung 75.000 einheimische Opfer. Heutigen Schätzungen zufolge starben durch den Krieg und seine unmittelbaren Folgen insgesamt zwischen 250.000 und 300.000 Menschen. 2023 entschuldigte sich Bundespräsident Frank-Walter Steinmeier in Tansania.

Zu Beginn des 20. Jahrhunderts waren Afrika (außer Äthiopien und Liberia), Australien sowie große Teile Asiens und Lateinamerikas zu Kolonien, Halbkolonien und abhängigen Ländern einiger imperialistischer Staaten – Belgien, Deutschland, Frankreich, Großbritannien, Japan, Niederlande, Russland, USA – geworden. In Zahlen: Kolonial beherrscht waren Afrika zu 90,4 Prozent, Polynesien zu 98,9 Prozent, Asien zu 56,6 Prozent, Australien zu 100 Prozent und Amerika zu 27,2 Prozent.

Die Aufteilung der Erde war zwar weitgehend abgeschlossen, doch bedeutete die Fixierung von imperialen Einflussgebieten keinesfalls, dass diese Bestand haben mussten – im Gegenteil. Beendet war lediglich jene Phase einer Kolonialpolitik, in deren Zentrum die Besitzergreifung unbesetzter Länder durch die europäischen Großmächte sowie die USA stand. Die ungleichmäßige und zum Teil sprunghafte Entwicklung der einzelnen imperialistischen Staaten führte zum Kampf um die Neuverteilung des Kolonialbesitzes, an der besonders die USA, Deutschland, Japan und Italien interessiert waren. Die Auseinandersetzungen begannen mit dem Spanisch-Amerikanischen Krieg von 1898. Spanien verlor die Philippinen, Guam, Puerto Rico und Kuba an die USA. 1903 annektierten die USA die Panamakanalzone. Der vielerorts schwelende Streit um die Einflusssphären wurde zu einer ständigen Gefahr des Ausbruchs eines imperialistischen Krieges.

»Das imperiale Zeitalter« (1875–1914), wie die Ära zwischen dem weitgehenden Abschluss der territorialen Aufteilung und dem Ausbruch des ersten globalen Kriegs um Neuaufteilung genannt wird, sei »offenbar das Zeitalter von Imperien einer neuen Art, nämlich von Kolonialreichen«, so der Historiker Eric Hobsbawm (S. 80).

Im Ergebnis der deutschen Niederlage im Ersten Weltkrieg fielen die Kolonien des Kaiserreichs als Mandatsgebiete an Großbritannien (Westtogo, ein Teil Kameruns und der Hauptteil Ostafrikas), Frankreich (Ostteil, Hauptteil Kameruns), Belgien (Ruanda, Urundi), Portugal (ein kleiner Teil Ostafrikas), Südafrika (Südwestafrika) und Japan. Alle Versuche, während der Weimarer Republik ebendort Land zurückzugewinnen, scheiterten. Allerdings wurden 51 von 73 Kolonialunternehmen wieder aktiv und kamen zu Einfluss. Die Versuche indes, mit Hilfe ökonomischer Durchdringung, des Kapitalexports und des Völkerbund-Mandatssystems die ehemaligen Kolonien zurückzugewinnen, blieben erfolglos.

V.
Krise des Kolonialsystems, Neokolonialismus und Befreiung
(1917–1990)

Der Versuch der bisherigen Kolonialstaaten, ihren durch wachsenden antikolonialen Widerstand und den Zusammenbruch des Kolonialsystems nach dem Zweiten Weltkrieg sowie wegen offensichtlicher Ineffektivität der tradierten Ausplünderungsmethoden gefährdeten Zugriff auf die Bodenschätze und Absatzmärkte der früheren Kolonien zu retten, wird als Neokolonialismus bezeichnet. Die alten Mächte geben die bisher selbst oder von Statthaltern ausgeübte Staatsgewalt ab und entlassen das jeweilige Land in eine formale Unabhängigkeit. Die politischen Geschäfte übernimmt eine einheimische Elite, meist in Europa oder von Europäern ausgebildet und an deren Werten und Kultur geschult. Häufig bildet sich zudem auf Grundlage der wirtschaftlichen Entwicklung eine einheimische Bourgeoisie heraus, die in enger Zusammenarbeit mit ausländischen Unternehmen die Ausbeutung auf kapitalistischer Basis fortsetzt.

Die russische Oktoberrevolution von 1917, in deren Folge sich ein erster sozialistischer Staat herausbildete, leitete die Krise des Kolonialsystems alter Prägung ein. Allein die Existenz einer Alternative schuf Freiräume und Anstöße für die sich formierenden antikolonialen Bewegungen und beförderte diese. Zugleich vermochte es die junge Sowjetunion zunehmend, die Freiheitskämpfe ideologisch, materiell, logistisch und politisch zu unterstützen. Die Möglichkeiten hierfür erweiterten sich entscheidend nach dem Zweiten Weltkrieg, als sich weltweit ein antikapitalistisches Projekt herausbildete, das sich als Widerpart zum Imperialismus verstand und diese Rolle auch ausfüllte.

Das geschah trotz aller Relativierungen und Widersprüchlichkeiten, verursacht unter anderem durch die pragmatische Außenpolitik der sowjetischen Führung. Besonders das Stalinsche Politbüro stellte in den Mittelpunkt seines Handelns immer zunächst die Stärkung des sowjetischen Einflusses und opferte damit so manches Mal internationalistische Positionen. So hatte 1946 der Abzug aus dem besetzten Norden des Iran das Ende der ersten kurdischen (Republik Mahabad) und aserbaidschanischen Staaten (Autonome Republik Aserbaidschan) zur Folge. Im Oktober 1944 beförderte eine geheim gehaltene Vereinbarung zwischen Josef W. Stalin und dem britischen Premier Winston Churchill, wonach Griechenland der Einflusssphäre Großbritanniens zuzuordnen sei, die militärische Intervention britischer Truppen in Athen. Die kommunistisch geführte Widerstandsbewegung ELAS (Griechische Volksbefreiungsarmee) musste weichen. Im Bürgerkrieg (1946–1949) wurde sie schließlich endgültig zerschlagen. Es kam zu massenhaften Verfolgungen und Fluchten.

Die nationalen Befreiungsbewegungen

Die These Lenins, wonach drei Hauptströme die globale Revolution tragen würden – der Sozialismus als staatliche Formation, die Arbeiterklasse in den kapitalistischen Staaten und nationale Befreiungsbewegungen in der Dritten Welt – blieb über Jahrzehnte nachvollziehbar. Das Kolonialsystem war nach dem Ersten Weltkrieg in eine hausgemachte Krise geraten, als sich die Widersprüche der kolonialen Herrschaft verschärften und erste Befreiungsbewegungen entstanden.

In China trat 1919 die »Bewegung des 4. Mai« auf den Plan. Sie wandte sich gegen die Besetzung durch Japan. In Korea kam es zum antijapanischen Aufstand, in Afghanistan befand sich die nationale Bewegung gegen die britischen Kolonialisten im Aufschwung. Nach 1918 begannen in Indien, Ägypten, Irak und der Türkei nationale Befreiungskämpfe, in der Mongolei siegte 1921 eine Volksrevolution.

Die unterschiedlichen Interessen der Kolonialmächte mündeten in eine verstärkte Rivalität – insbesondere drängten Deutschland, Italien und Japan nach einer Neuaufteilung der Kolonien. Deutschland und Italien erhoben Anspruch auf britische Kolonien in Afrika und Asien. Japan drang in weite Gebiete Chinas vor und verletzte damit vor allem die Interessen der USA, Englands und Frankreichs. Italien okkupierte 1936 Äthiopien und verwandelte es in seine Kolonie.

»Generalplan Ost«

Die Errichtung einer offen terroristischen Diktatur in Deutschland 1933 war verbunden mit einer aggressiven Außenpolitik. Mit Regierungsübernahme durch die NSDAP als politische Sachwalterin der reaktionärsten, chauvinistischen Kreise entstanden neue, kriegerische Pläne zur Eroberung von Ländern und zu deren Kolonisierung. In Afrika wurde während des Zweiten Weltkriegs der Versuch unternommen, die Maghreb-Länder Tunesien, Libyen und Ägypten zu besetzen. Der Feldzug im Osten hatte die militärische Okkupation des gesamten europäisch-asiatischen Teils der Sowjetunion von der Weichsel bis zur Beringstraße zum Ziel. Danach sollte eine auf totaler Unterjochung und Massenvernichtung basierende Kolonisierung umgesetzt werden: Der »Generalplan Ost« sah in mehreren Varianten die Errichtung einer Siedlungskolonie unter rigoroser Anwendung der Nazi-Rassenpolitik vor.

Erarbeitet von verschiedenen Institutionen im Auftrag des SS-Führers Heinrich Himmler sowie des Nazi-»Chefideologen« Alfred Rosenberg standen die Eroberung von »Lebensraum im Osten« und dessen »Germanisierung« im Mittelpunkt der Planungen. Tatsächlich ordnete Himmler Mitte 1941 für das besetzte Polen an, »ein Großsiedlungsgebiet im Raum um die bereits vorhandenen volksdeutschen Kolonien bei Zamość« zu schaffen. Etwa 110.000 Polen aus 300 Dörfern wurden erschlagen, erschossen, zur Zwangsarbeit verschleppt oder in

Auschwitz vergast. In deren Gehöfte wurden »Deutschstämmige« einquartiert.

Die Region sollte Durchgangsgebiet im später – so die Vorstellung – »arisch besiedelten Russland« werden. Siedlungen mit Namen wie »Gotengau« oder »Ingermanland« (bei Leningrad) waren vorgesehen. Mehrere Millionen Deutsche sollten dort Land erhalten. Die einheimische slawische und jüdische Bevölkerung sollte wie auch Roma und Sinti vernichtet werden, ein Teil sollte Sklavenarbeit leisten. Die Errichtung Hunderttausender Siedlungshöfe war ebenso geplant wie die Ermordung vieler Millionen Menschen oder deren Versklavung in Sibirien. Der Versuch, die Horrorvision der »Herrenmenschen« zu verwirklichen, kostete 55 Millionen Menschen das Leben, darunter etwa 25 Millionen Sowjetbürgern und sechs Millionen Juden.

Erste unabhängige Staaten

Mit der Niederlage des deutschen Faschismus und seiner Verbündeten bildeten sich nach dem Zweiten Weltkrieg in den von den japanischen Okkupanten befreiten Ländern erste unabhängige Staaten wie in Vietnam, Laos, Kambodscha, also dem vormaligen »Französisch-Indochina«, oder in Indonesien, doch erhoben umgehend die alten Kolonialmächte Anspruch auf ihre ehemaligen Besitzungen. Erst nach Aufständen und häufig jahrelangen Kämpfen befreiten sich die Länder auf der Basis des in der UN-Charta festgeschriebenen Selbstbestimmungsrechts der Völker. Dieses bilde, so der Völkerrechtler Norman Paech, »die juristische Legitimation der Befreiungskämpfe mit all ihren Konsequenzen der Gewalt gegen die Unterdrückung der Kolonialmächte« (»Rotlicht: Völkerrecht«, in: junge Welt, 26.11.2014). Diesen »emanzipatorischen Gehalt« habe »das Recht auch heute noch, wenn sich Palästinenser, Kurden oder Sahrauis darauf in ihren Streben nach Unabhängigkeit oder Autonomie berufen«.

Im August 1945 proklamierte Indonesien seine Selbständigkeit; im September 1945 konstituierte sich die Demokratische Republik Vietnam. Im August 1947 entstanden Indien und Pakistan. Die Gründung der Volksrepublik China im Oktober 1949 wurde zum mächtigsten, erschütternden Rückschlag für die Kolonialmächte. Die latente Krise des gesamten Systems trat in den Jahren nach dem Zweiten Weltkrieg in »ein Stadium des offenen Zerfalls und führte schließlich Ende der 1950er Jahre zu dessen weitgehendem Zusammenbruch« (Goldberg, S. 14), während die Unabhängigkeitsbewegungen gestärkt aus dem Kampf hervorgegangen waren. Ihr Aufschwung prägte in den 1950er und 1960er Jahren das Gesicht des afrikanischen Kontinents. Dem Sieg der ägyptischen Revolution vom Sommer 1952 folgte 1956 die Unabhängigkeit von Marokko und Tunesien. 1957 erlangte Ghana seine Souveränität, 1958 Guinea, 1960 Kamerun, Togo, Mali, Kongo (Léopoldville) und Kongo (Brazzaville), 1961 Tanganjika, 1962 Algerien, 1963 Malaysia und Sansibar, 1964 Sambia, 1965 Gambia, 1966 Botswana und Lesotho.

Auf dem mittel- und südamerikanischen Teilkontinent praktizierten die USA weiter ihre »Hinterhofpolitik«: Um ihre Dominanz zu erhalten oder durchzusetzen, unternahmen sie bis heute weit über 50 militärische Interventionen. Vor allem in den etwa zwei Jahrzehnten zwischen 1964 (Brasilien) und 1985 wurden Militärputsche – wie in Bolivien (1971) und Chile (1973) – initiiert oder autoritäre Regime gestützt. Nachdem 1959 das kubanische Volk die Batista-Diktatur gestürzt und einen souveränen Staat errichtet hatte, wuchs im Weißen Haus die Furcht vor weiterem Machtverlust. Tatsächlich entstanden in den 1960er und 1970er Jahren auf dem Kontinent zahlreiche Befreiungsbewegungen und Guerillagruppen. In Nicaragua brachten die Sandinisten (FSLN) die Somoza-Diktatur zu Fall. Im selben Jahr übernahm auf Grenada das linke New Jewel Movement die Regierung.

Insgesamt traten an die Stelle der ehemals kolonialen Welt mehr als 70 unabhängige Nationalstaaten.

Frankreichs Kolonialsystem

Das geschah oft nach langen Jahren auch des bewaffneten Kampfes, wie in Algerien, eine Siedlungskolonie. Frankreich gedachte, sie als den entscheidenden, dem »Mutterland« am nächsten liegenden und geostrategisch bedeutenden Teil seines ehemals so mächtigen Kolonialsystems nicht aufzugeben. Der Krieg zwischen der französischen Armee und der Befreiungsbewegung FLN (Front de Libération Nationale) wurde mit ungeheurer Brutalität geführt. Er begann 1954, doch setzten sich zunehmend die Kräfte der Unabhängigkeit durch.

Indochina wurde nach dem Zweiten Weltkrieg zur entscheidenden Station des weltweiten Entkolonisierungsprozesses. Die Legionäre Frankreichs wurden 1954 bei Dien Bien Phu kriegsentscheidend geschlagen, die Volksbefreiungsbewegung Viet Minh unter Ho Chi Minh und Vo Nguyen Giap war die Siegerin – ja, letztlich der Geschichte. 30 Jahre später sollte mit dem Sieg über die US-Besetzer ganz Vietnam befreit werden. Zuvor hatten die USA in Indochina die Rolle der wankenden Kolonialmacht Frankreich übernommen und gedachten, »den Kommunismus« zu stoppen und Vietnam gegebenenfalls »zurück in die Steinzeit« zu bomben, wie es General Curtis LeMay zu Beginn der 1960er Jahre formulierte.

In Nordafrika errichtete die französische Kolonialmacht indes eine Schreckensherrschaft. Deren Methoden werden heute in Frankreich nach Jahrzehnten der Verdrängung, des verordneten Vergessens, der Verbote in Kultur und Bildung immerhin öffentlich debattiert, zaghaft manchmal, aber doch hoch emotional – Algerien und Vichy »gehören in dieselbe Kategorie nationaler Traumata«, so der Historiker Pierre Nora (»Algerienkrieg. 50 Jahre danach«, Arte, 20.3.2012). Systematische Folter ab 1957, abgeschnittene Genitalien in Mündern, mit Araberaugen Murmel spielende Soldaten, »Prügel, Vergewaltigung, Badewannenfolter, Massenexekutionen und der Einsatz des Stromgenerators sind geläufig« (ebd.), Zensur, weit über 200.000 Harkis, wie die gedungenen algerischen Hilfstruppen und Kollaborateure genannt werden, missbraucht gegen die FLN unter Ahmed Ben Bella.

Im Juni 1958 wurde General Charles de Gaulle in Paris als Premier eines Notstandskabinetts eingesetzt, enttäuschte allerdings zusehends die Erwartungen besonders der – wohl wegen ihrer schwarzen Schuhe – Pieds-noirs (Schwarzfüße) genannten Algerienfranzosen. Inzwischen Präsident (1959–1969), regte de Gaulle im September 1959 ein erstes, eingeschränktes Waffenstillstandsabkommen mit freien Wahlen »innerhalb von vier Jahren« an, um den in jeder Beziehung verheerenden Krieg zu beenden – und geriet nunmehr selbst unter Druck der äußersten Reaktion Frankreichs und Algeriens.

Der von der 1961 gegründeten Terrorgruppe OAS (Organisation de l'armée secrète; Organisation der Geheimarmee) mitgetragene Putsch vom 22. März 1961, durchgeführt von mehreren Militäreinheiten, brach allerdings mangels Unterstützung breiterer Teile des Offizierscorps – wegen des Widerstands unter den Wehrpflichtigen sowie unter dem Eindruck eines Generalstreiks in Frankreich – bereits nach wenigen Tagen zusammen. Es folgte eine Zeit des massenhaften Terrors. Aus dem Untergrund wurde »eine regelrechte Orgie von willkürlichen und mörderischen Attentaten« dirigiert, so ein Augenzeuge. Die Zahl der Menschen, die 1961 und 1962 vor allem in Algerien, in den europäischen Vierteln der großen Städte, aber ab dem Herbst 1961 auch in Frankreich bei Attentaten, Sprengstoffanschlägen, Morden auf offener Straße, Überfällen starben, ging in die Tausende – von 12.000 ist die Rede.

1962 und 1963 wurde nahezu das gesamte Führungspersonal der OAS festgenommen und verurteilt. Algerien erklärte sich am 5. Juli 1962 für unabhängig. Die übrigen französischen Kolonien in Nord- und Westafrika waren schon vorher überwiegend friedlich – mit Ausnahme von Guinea – aus ihrem Kolonialstatus entlassen worden. Doch blieben Fremdenlegion wie Armee und Franc bis heute präsent.

Afrika befand sich um 1960 herum an der Schwelle zu einem Zeitenwechsel, einer Art »Stunde Null« nach dem Kolonialismus. Das koloniale System glich einer »veralteten Maschine«, so der französische Philosoph und Antiimperialist Jean-Paul Sartre, »die so starr ist, dass sie zermalmen oder zerbrechen muss« (Sartre, S. 182). Das Thema rückte auf die internationale Agenda: Die Generalversammlung der Vereinten Nationen verabschiedete schließlich am 14. Dezember 1960 unter dem Druck der sich überschlagenden Ereignisse und vor dem Hintergrund eines sich wandelnden internationalen Kräfteverhältnisses mit der Resolution 1514 ein Dokument, das an Klarheit nichts zu wünschen übrig ließ und einer Sensation gleichkam. In ihm wurde die Unabhängigkeit für alle kolonisierten Länder und Völker gefordert und als Prinzip festgeschrieben.

Als Punkt eins heißt es: »Die Unterwerfung von Völkern unter fremde Unterjochung, Herrschaft und Ausbeutung stellt eine Verweigerung grundlegender Menschenrechte dar.« Alle Völker hätten das »Recht auf Selbstbestimmung« und bestimmten »frei ihren politischen Status und verfolgen frei ihre wirtschaftliche, soziale und kulturelle Entwicklung«. Alle »bewaffneten Aktionen oder Unterdrückungsmaßnahmen, gleich welcher Art, gegen abhängige Völker« seien einzustellen, »um diesen die Möglichkeit zu bieten, ihr Recht auf volle Unabhängigkeit friedlich und frei auszuüben; die Integrität ihres nationalen Territoriums ist zu achten«.

Die drei Jahrzehnte danach bis zur Befreiung der, mit Ausnahme der Westsahara, letzten Kolonialgebiete Afrikas – Namibias (1990) von der südafrikanischen Kolonialverwaltung und Südafrikas vom weißen Apartheid-Regime (1994) – waren von den Unabhängigkeitskämpfen sowie dem Ringen um die Richtung der gesellschaftlichen Entwicklung des ehemaligen Kolonialsystems geprägt. Das galt zuvorderst für die portugiesischen Kolonien, die sich im Zuge der Nelkenrevolution 1974 befreiten: Angola, Moçambique und Guinea-Bissau, die 1975 ihre

Unabhängigkeit erklärten und einen sozialistischen Weg einschlugen. National wie international standen sich dabei gegenüber die Kräfte tatsächlicher Unabhängigkeit, die einen antikapitalistischen Weg betreten wollten, und der neuen Eliten, die häufig von den alten Kolonialmächten gestützt wurden.

Führende Persönlichkeiten aus marxistisch orientierten Befreiungsbewegungen wurden ermordet, wie 1969 Eduardo Mondale, Präsident der moçambiquanischen Frelimo, die Südafrikanerin Ruth First 1982, der südafrikanische KP-Chef Chris Hani 1993, Burkina Fasos Präsident Thomas Sankara 1987, der kapverdisch-guineische Freiheitskämpfer Amílcar Lopes Cabral (1973) und Ernesto Che Guevara 1967. Der erste Präsident der Volksrepublik Moçambique, Samora Machel, kam 1986 bei einem Flugzeugabsturz ums Leben, mutmaßlich nach einem Anschlag oder nach Beschuss.

Die Mordserie an wichtigen Persönlichkeiten des antikolonialen Widerstands hatte am 17. Januar 1961 begonnen. Einen Monat nach Verabschiedung der UN-Resolution 1514 fiel ihr Kongos erster Premierminister Patrice Lumumba zum Opfer. Seine Exekution war als deutlichstes Signal für die Entschlossenheit des Westens zu verstehen, sich den kolonialen Einfluss keinesfalls nehmen zu lassen, koste es, was es wolle. Der belgische Geheimdienst und die CIA gehörten zu den Organisatoren einer Tat, die nicht nur für das riesige zentralafrikanische Land katastrophale Folgen haben sollte, sondern für die gesamte weitere Entwicklung des sich befreienden Kontinents.

Zum Beispiel Kongo

Seit der Zeit der Expeditionen von David Livingstone und Henry Morton Stanley ab Mitte des neunzehnten Jahrhunderts prägte die Gier nach den natürlichen Reichtümern des Landes die Geschichte des Kongo – als belgische Kolonie seit 1885. Bis 1920 halbierte sich deren Bevölkerung: Von den anfangs etwa 20 Millionen Einwohnern starben über zehn Millionen durch koloniale Gewaltverbrechen, Hunger, Entkräftung, durch Überarbeitung und Krankheiten.

Vier Jahrzehnte später fiel Baudouin Albert Charles Léopold Axel Marie Gustave, König des kolonialen »Mutterlandes«, die Aufgabe zu, gegen die sich formierende Unabhängigkeitsbewegung den belgischen Einfluss in dem Land zu sichern, das 75 Mal größer als Belgien war. Das geschah in einer historisch für Brüssel besonders heiklen Situation, in der die Unabhängigkeit nicht mehr zu vermeiden war. Im Mai 1960 war Patrice Émery Lumumba (1925–1961) an die Spitze des Flächenstaats am Kongo-Fluss gewählt worden – ein integrer, charismatischer Vertreter einer eigenständigen Politik des Landes und also für die Kolonialherren unberechenbar und suspekt, weil unbestechlich.

Während der Unabhängigkeitszeremonie Ende Juni 1960 hatte Baudouin I. (1930–1993) dem staunenden Publikum in der großen Rotunde des Palastes der Nation in Léopoldville (heute: Kinshasa) und den Hunderttausenden an Transistorradios lauschenden Menschen noch einmal unverzagt seine elitäre Weltsicht dargeboten: »Die Unabhängigkeit des Kongo stellt den Höhepunkt des Werkes dar, welches vom Genie König Léopolds II. entworfen, von ihm mit zähem Mut umgesetzt und schließlich von Belgien mit Ausdauer fortgesetzt wurde.« Baudouin verzichtete auch nicht auf die Erläuterung, was das »Mutterland« unter »Unabhängigkeit« verstand: An der neuen Regierung des Kongo sei es, »zu beweisen, dass wir recht daran taten, Ihnen zu vertrauen. ... Wir sind bereit, Ihnen weiterhin zur Seite zu stehen und Ihnen mit unserem Rat zu helfen.«

Eine Rede Lumumbas indes war laut Protokoll nicht vorgesehen. Doch der 34-Jährige konnte angesichts der königlichen Provokation nicht schweigen. Er konterte nicht nur die Selbstherrlichkeit Baudouins, sondern auch die anbiedernden, unterwürfigen Signale, die Präsident Joseph Kasavubu in seiner Ansprache ausgesandt hatte, mit deutlichen Worten: »Noch sind unsere Wunden zu frisch und zu schmerzhaft, um sie aus unserem Gedächtnis zu verbannen ... Wer wird je die Massaker vergessen, in denen so viele unserer Geschwister umgekommen sind, die Zellen, in die jene geworfen wurden, die sich weigerten, sich einem Regime der Unterdrückung und Ausbeutung zu unterwerfen?« Der Premier fuhr fort: »Wir haben Spott, Beleidigungen und Schläge kennengelernt, die wir morgens, mittags und abends ertragen mussten, weil wir Schwarze sind. Wer wird vergessen, dass zu einem Schwarzen ›Du‹ gesagt wurde, bestimmt nicht als ein Freund, sondern weil das ehrenwertere ›Sie‹ allein für die Weißen reserviert war?« Nunmehr werde die Regierung die Güter des Landes kontrollieren und sie im Auge behalten, »um sicherzustellen, dass wirklich dessen Kinder davon profitieren« (»Das ganze Afrika«, in: junge Welt, 15.7.2015).

Spätestens da stand fest: Das belgische Vorhaben, weißes politisches Personal zwar durch Einheimische zu ersetzen, sich jedoch ökonomisch weiterhin schadlos zu halten, war mit Lumumba nicht machbar – im Gegensatz zu anderen schwarzen Führungspersonen. Außerdem wirkten Lumumbas Ansichten zur Zukunft Afrikas beunruhigend. Auf der Panafrikanischen Konferenz in Accra 1958 hatte Kwame Nkrumah, erster Präsident des seit 1957 unabhängigen Ghana, postuliert: »Hände weg von Afrika! Afrika muss frei sein.« Und Lumumba hatte ihm zugestimmt. Ziel sei es, »aus diesem afrikanischen Kontinent einen freien, glücklichen Kontinent zu machen, erlöst von Furcht und Unruhe und von jeder Kolonialherrschaft« (zitiert nach: Sartre, S. 180 f.).

»Kein Zweifel«, meinte Jean-Paul Sartre, dass Kongo mit einem Premier namens Lumumba Angola und allen Nachbarländern geholfen hätte. Der »erklärte Panafrikanismus« habe dem Politiker »zu einigen seiner gefährlichsten Gegnern verholfen: die Weißen Rhodesiens, Südafrikas und, mehr im Verborgenen, die englischen Konservativen. Der panafrikanische Kongo wäre zunächst ein Beispiel gewesen, ein »Ferment in den Herzen aller noch Versklavten«, so Sartre 1963 (ebd., S. 181).

Nicht nur im Kongo war die Ersetzung des überkommenen Kolonialismus durch eine neue, demokratisch-parlamentarische Form der Herrschaftsausübung gefährdet. Brüssel zog folglich alle ihm zur Verfügung stehenden Register, um den Premier zunächst national wie international zu isolieren. Die ethnische Karte wurde gespielt, die reiche Katanga-Provinz spaltete sich unter Moise Tschombé ab, Spezialtruppen der Armee Belgiens intervenierten – angeblich zum Schutz von Zivilisten, nachdem es zu Meutereien innerhalb des Militärs gekommen war.

Die UNO schickte zwar widerwillig Truppen, die jedoch nicht gegen die Interventionstruppen vorgingen. Also bat Lumumba die Sowjetunion um Hilfe, die sich solidarisch erklärte und mit Lebensmitteln, Lastwagen sowie Waffen half. Für Washington und Belgien indes war der Premier »erledigt«, nun erst recht als »Kommunist«, also Feind, abgestempelt.

Es folgte ein Putsch unter Beteiligung von Oberst Joseph-Désiré Mobutu, der fünf Jahre später selbst die politische Herrschaft übernehmen und über die Jahrzehnte zum Multimilliardär werden sollte, ein Diktator im Dienste der CIA. Nach abenteuerlicher Flucht wurde Patrice Lumumba festgenommen, Gefangenschaft und Folter unterworfen und am 17. Januar 1961 zusammen mit zwei Weggefährten exekutiert. Sein Körper wurde zersägt und in einem Fass mit Schwefelsäure aufgelöst. Gerard Soete, der belgische Vize-Generalinspekteur der katangesischen Polizei, folgte der Anweisung, dass keine Spur bleiben dürfe von Lumumba.

Zerfall des Kolonialsystems und Neokolonialismus

Der Zerfall des Kolonialsystems führte nicht zur Liquidierung des Kolonialismus. In der überwiegenden Zahl der freien Länder verfügten die Imperialisten weiterhin über entscheidende ökonomische Positionen. Mit den Methoden des Neokolonialismus passten sie ihre Kolonialpolitik den Bedingungen des neuen Kräfteverhältnisses in der Welt an.

Ökonomisch wird die Abhängigkeit aufrechterhalten durch eine Konservierung der Rückständigkeit und der Spezialisierung der Wirtschaft der ehemaligen Kolonien auf agrarische Rohstoffe, durch Herrschaft der ausländischen Monopole in der Wirtschaft, durch Einbeziehung der jungen Staaten in die kapitalistischen Strukturen. Diese Strategie setzte einige Zugeständnisse voraus, die allerdings ihre Grenze in der Sicherung der ökonomischen Hauptziele des Neokolonialismus – Ausbeutung, Sicherung des Verbleibs im System der kapitalistischen Wirtschaft – fanden. Zu einem wesentlichen Instrument bei der Realisierung neokolonialistischer Pläne wurden die verschiedenartigen »Hilfsmaßnahmen« der imperialistischen Länder für die wirtschaftlich zurückgebliebenen Länder.

Tatsächlich blieb der Süden der Erde das Terrain der Verdammten, des Elends, der weitgehend von wirtschaftlichem und sozialem Aufschwung Abgekoppelten. Die Lebensbedingungen verschlechterten sich seit mindestens zwei Jahrzehnten, seit dem Ende der globalen Bipolarität und damit des Ringens beider Blöcke um Einflussnahme. Nach anfänglichen Erfolgen der ab den 60er und 70er Jahren des 20. Jahrhunderts formal unabhängigen Staaten wurden zwar weitere umfangreiche natürliche Ressourcen entdeckt und zur Ausbeutung erschlossen, doch in nahezu allen Fällen kamen die Reichtümer den alten Kräftezentren in Europa und Nordamerika zugute. Diese sorgten ihrerseits dafür, dass die nationalen Eliten einen ihnen gewogenen Kurs hielten.

Die Spielräume für einen wirklich unabhängigen Kurs hatten sich mehr als nur verengt. Die Hoffnungsträger der Vergangenheit – nach Angola, Moçambique, Namibia auch Südafrika – fuhren einen realpolitischen Kurs, die ehemaligen Befreiungsbewegungen etablierten sich, neue – nun schwarze – Mittelschichten entstanden, die ausländischen Konzerne und Banken sowie die Großgrundbesitzer blieben weitgehend unangetastet in ihrer Macht. Der hart, unter großen Opfern erkämpften politischen Freiheit folgte für die übergroße Mehrheit der Bevölkerung letztlich nicht die soziale und ökonomische Befreiung, die die von Präsident Nelson Mandela geführte erste frei gewählte Regierung aus ANC, Kommunistischer Partei und dem Gewerkschaftsdachverband angestrebt hatte.

Viele Revolutionäre waren tot. Jean Ziegler erinnert sich an seine letzte Begegnung mit dem burkinischen Präsidenten Thomas Sankara Anfang Oktober 1987, berichtet von einem langen Gespräch über Ernesto Che Guevara. »Ich sagte, am 8. Oktober jährt sich die Ermordung von Che Guevara zum zwanzigsten Mal ... Plötzlich – ich weiß es noch wie gestern – sah er mich an und sagte: Er starb mit 39 Jahren. Werde ich es, wie Che, bis 39 schaffen?« Es sei eine Art »Todesahnung« gewesen, meinte Ziegler. Der 1949 in Yako/Obervolta geborene Sankara schaffte es, anders als Che Guevara und Grenadas Präsident und Revolutionsführer Maurice Bishop, »nicht mehr bis 39« (»La Patrie ou la mort«, in: junge Welt, 12.10.2012). Der »Che Afrikas« wurde am 15. Oktober 1987 ermordet. Die Zeitenwende im Sinne des Imperiums stand bevor.

Namibia war 1990 die vorerst letzte Kolonie Afrikas, die in die Unabhängigkeit entlassen wurde. Der Beschluss der UNO von 1991, ein Referendum über die Unabhängigkeit der Westsahara durchzuführen, wurde bis heute durch die marokkanische Besatzungsmacht blockiert. Die Befreiungsbewegung Polisario hatte angesichts der neuen Konstellationen im veränderten internationalen Kräftefeld keine Chance, sich gegen das Königreich durchzusetzen. Etwa 150.000 Sahraouis leben seit ihrer Vertreibung 1975 in Flüchtlingslagern auf algerischem Territorium. Die Westsahara wird weiter von Marokko und dessen treuesten europäischen Begleitern Frankreich und Spanien ausgeplündert, die Bevölkerung lebt in Unterdrückung – wie auch schon unter den spanischen und französischen Kolonialisten.

VI.
Rekolonisierung
(ab 1990)

Der Auflösungsprozess neokolonialer Strukturen hält in der Gegenwart an. Er setzte parallel ein zum Abstieg und schließlichen Zerfall des sozialistischen Weltsystems mit der Sowjetunion an der Spitze und ihren osteuropäischen Partnern. Dies geschah wohl bereits seit den 1970er Jahren, als der Westen in den mikroelektronischen Zug der dritten industriellen Revolution stieg und der Osten diesen verpasste. In dessen schleichendem Abgang von der globalen Wettbewerbsbühne, auf der die Produktivität über den Erfolg entscheidet, liegt der wichtigste Grund dafür, dass nach 1990 die ehemaligen Kolonialmächte wieder weitgehend unbedrängt über ihr einstiges Kolonialimperium herrschen konnten; oder doch zumindest ohne große Rücksichtnahme auf nationale Befindlichkeiten oder internationale Alternativen, die zur Drohkulisse taugen.

Hinzu kam, dass sich ein beachtlicher Teil der neokolonialistischen Welt ökonomisch wie politisch in einem labilen Zustand befand. Innere Kämpfe, Eliten mit Selbstbedienungsmentalität, durch die Ausplünderung der Reichtümer verursachte massenhafte Verarmung kennzeichneten vielerorts den »nachkolonial« genannten Zustand. Die neokolonialistischen Statthalter hatten ihre Politik internationalen Monopolinteressen untergeordnet und sich dabei bereichert. Derweil verfielen die Ausbeutungsstrukturen ebenso wie sich das Elend der Bevölkerung verstärkte. Korrupte Diktatoren von der Sahelzone und Westafrika über das Kongobecken nach Ostafrika und vom Indischen Ozean bis Südostasien hatten sich in parasitären

Umfeldern eingerichtet. Die nationale Kluft zwischen arm und reich in ihren Ländern vertiefte sich unendlich. Ganze Regionen galten spätestens ab 1990 als unbetretbar und abgeschrieben. Eine Art El-Dorado-System, in dem die Faust zum Gesetz wird, ersetzte staatliche Kontrolle.

»Die Schatzkammer«

Im Kongo als der »Schatzkammer Afrikas« sahen die bisherigen Kolonialmächte schon vor dem überfälligen Ende des Diktators und Multimilliardärs Mobutu Sese Seko 1997 den Kriegen um die Bodenschätze zu. Sie überließen den Nachbarländern Ruanda, Burundi und Uganda, aber auch den bewaffneten Truppen der Demokratischen Republik Kongo sowie Dutzenden lokalen und regionalen Banditenorganisationen stellvertretend die von Zehntausenden Sklavenarbeitern geförderten Rohstoffe. Das für Elektronik, Informationstechnologie und Weltraumfahrt unverzichtbare Erz Coltan und andere wertvolle Güter wurden auf die Drehscheibe Kigali, die Hauptstadt von Ruanda, verbracht, von wo aus sie in die Produktionsstätten der westlichen High-Tech-Industrie gelangten.

Viele der bis zu 3,6 Millionen kongolesischen Binnenflüchtlinge befanden sich zu Beginn des dritten Jahrtausends auf unsicheren Pisten im Busch. Drei Kongo-Kriege (1996/97; 1998–2003; 2006–2009) dienten vor allem dem Diebstahl der Ressourcen aus marodem Bergbau. Das Coltan aus den weltweit größten Lagerstätten in den ostkongolesischen Provinzen wurde von spärlich bezahlten Kumpeln, meist junge Männer und Kinder, abgebaut und außer Landes verbracht. Anfang der 1990er Jahre hatten 80 bis 85 Prozent der Bevölkerung keine Erwerbsarbeit – ein Erbe des Kolonialismus ebenso wie der Mobutu-Diktatur. Diejenigen, die noch Lohn erhielten, konnten davon nicht leben. Fast jeder war gezwungen, zusätzliches Geld im informellen Sektor zu verdienen. Während der Kriege machte der Anteil fester Arbeitsverhältnisse nicht einmal mehr fünf Prozent aus. Ein Drittel der Bevölkerung verfügte über gar kein Geldeinkommen.

Der Kongo geriet in akute Gefahr, ins Chaos zu stürzen – wenn er sich nicht bereits mittendrin befand. Als Konsequenz dieser Entwicklung wurden ab 1999 das größte Blauhelmkontingent in der UN-Geschichte mit bis zu 20.000 Soldaten sowie eine EU-Truppe (Opération Artémis) unter französischer Führung, auch mit deutscher Beteiligung, eingesetzt – um die Verhältnisse zu beruhigen und also die angeschlagene Infrastruktur zu stabilisieren und die Voraussetzungen für deren Rekonstruktion zu schaffen.

Trotzdem bediente sich vor allem die neue politische Führung des kleinen Nachbarlands Ruanda unter Präsident Paul Kagame während der ersten beiden Kongo-Interventionen von 1996 und 1998 weiterhin selbst beim Ressourcendiebstahl. 1999 und 2000, recherchierte der Autor David van Reybrouck, wurde jeweils Coltan für 240 Millionen Dollar über Kigali exportiert. »Der größte Teil davon war Reingewinn. Ruanda musste zwar die Händler und Rebellen im Kongo bezahlen, doch im Vergleich zu den Einnahmen waren das Peanuts« (van Reybrouck, S. 538).

Zwischenzeitlich war die Umsatzrentabilität auf fünf Prozent (1996) bis gar in den Negativbereich (minus 5 Prozent 1998) abgefallen und erreichte erst 2002 erneut fünf Prozent, um dann in den Folgejahren auf über 25 Prozent hochzuschnellen. »Eine Studie von Privatehouse Coopers in der Metallförderung zeigt einen Anstieg der jährlichen Nettoprofite von 4,4 Milliarden 2002 auf 67 Milliarden (Dollar) 2006«, so Jörg Goldberg (Afrika im Weltkapitalismus, S. 14).

Die Unabhängigkeit jener Staaten, die neokolonial regiert worden waren, zählte nach 1990 weniger als je zuvor. Eventuelle Gegenwehr gegen Diktate des imperialistischen Nordens oder gar eine Verweigerungshaltung hatten nur geringe Erfolgsaussichten. Die UNO und ihr Sicherheitsrat als beschlussfassendes Gremium in Krisensituationen befanden sich unter unangetasteter Oberhoheit der Supermacht USA und ihrer Verbündeten, deren politische, ökonomische und militärische Macht das ausreichende Potential zur allgemeinen Erpressung der übrigen Welt bot.

Zudem galt, wenn auch unausgesprochen, spätestens seit dem NATO-Angriffskrieg gegen Jugoslawien 1999, der ohne Mandat des Sicherheitsrates vom nordatlantischen Militärpakt geführt wurde, das Völkerrecht de facto nichts mehr. Dasselbe trifft auf den 2003 von einer »Koalition der Willigen« unter Washingtons Oberbefehl getragenen Irak-Krieg zu, für den in erster Linie mit französischen und britischen Jets 2011 ausgeübten Bombenterror gegen Libyen und für die Einsätze Frankreichs in seiner als »angestammt« betrachteten zentral- und westafrikanischen Einflusssphäre ab 2010.

Die Grundregeln – Unverletzbarkeit von Grenzen und territoriale Integrität von Staaten – lagen ad acta. Den offenen Bruch des Völkerrechts begründeten die kriegführenden Staaten mit einer Verteidigung von Menschenrechten – und schufen die Voraussetzung für Willkür einschließlich einer möglichen zukünftigen massenhaften Negierung eben dieser Menschenrechte. Kriege wurden seitdem ebenso selbstverständlich wie der Einsatz militärischer Mittel zur Unterstützung von Aufständischen gegen Regierungen und Regime, die dem Westen nicht genehm waren. Die Proteste dagegen blieben überschaubar.

Etwa seit der Jahrtausendwende demonstrierten ehemalige Kolonialmächte, zuvorderst Großbritannien und Frankreich sowie die USA als mächtige Exponentin des Neokolonialismus, mehrfach eine direkte Rückkehr zu kolonialistischen Methoden. Die Gefahr einer Bildung weiterer »Failed States« neben Somalia, wo die westliche Militärintervention 1993 gescheitert war, wuchs in ökonomisch und geostrategisch wichtigen Gebieten.

Das betraf auf dem afrikanischen Kontinent ölreiche Staaten wie den Sudan, der in einem jahrzehntelangen Bürgerkrieg zerrüttet, von US-Präsident George W. Bush zum »Schurkenstaat« erklärt und schließlich 2011 gespalten wurde, ebenso wie die Große-Seen-Region sowie die Länder der Sahelzone, reich vor allem an Uran, bedeutend aber auch wegen ihrer Handelsrouten vom Horn von Afrika zum Atlantik. Zudem taumelten verschiedene Westküstenstaaten am Golf von Guinea – besonders das ethnisch-religiös gespaltene Nigeria – einer politischen und sozialen Katastrophe entgegen. Am Niger kam es 2014 zu einem US-Einsatz: Elitetruppen und Spezialisten übernahmen unter dem Vorzeichen des »War on terror« das Kommando bei der Suche nach verschleppten Schulmädchen.

Die bisher bedeutendsten Beispiele für die erneut vorhandenen Möglichkeiten des Imperialismus, gegebenenfalls zur eigenen Interessenwahrung ungestört auch wieder selbst militärisch einzuschreiten, sind sicherlich die aus dem Ruder gelaufenen langjährigen Kolonialgebiete Afghanistan (2001-2021), Irak (seit 2003), Libyen (seit 2011) sowie insgesamt der in unterschiedlichen Konstellationen geführte US-»Krieg gegen den Terror« (seit 2001). Er verwandelte Staaten in Dauer-Schlachtfelder und forderte jeweils Hunderttausende Menschenleben.

Eine Rekonstruktion kolonialistischer Macht im Namen der westlichen Zivilisation fand indes nicht durchgängig statt. Die vorgeblichen Ziele, »Demokratisierung« und Emanzipation nach westlicher Lesart, wurden nahezu vollständig verfehlt. Die Instabilität blieb, die soziale Unsicherheit verstärkte sich weiter, der Widerstand dagegen organisierte sich obskur-archaisch auf religiös-ethnischer Basis, ausgerüstet mit westlichen Waffen und Beziehungen zu den Golf-Diktaturen. Er agierte offen brutal mit barbarischer Attitüde. Die in der Vergangenheit von Washington und anderen Metropolen der »freien Welt« gerufenen und bezahlten Geister zeigten ihr eigenes Gesicht und führten ganze Staaten zurück ins dunkle, aufklärungsresistente Mittelalter.

Das Libyen nach der Regierung Gaddafi befindet sich im Zerfall. Der 2011 aus der Luft herbeigebombte Sieg prowestlicher, ethnisch-chauvinistischer Rebellen destabilisierte weite Teile des Maghreb und die gesamte Sahel-Zone und beförderte ebendort Nachfolgekriege oder die Re-Etablierung autoritärer Regime wie in Ägypten. Der vom Westen unterstützte Aufstand in Syrien, der 2013 in einer weiteren militärischen Intervention der NATO zu münden drohte, bewirkte einen Flächenbrand in der Region. Der Irak bleibt instabil, die kurdischen Gebiete in Irak und Syrien sind den brutalen Angriffen von fanatisierten Armeen ausgesetzt, die USA intervenierten 2014 – nach 2003 – erneut im Zweistromland und zudem in Syrien. Der Islamische Staat in Syrien/Irak wurde zwar zurückgedrängt, doch führen er und seine Ableger oder Sinnverwandte ihre Kriege gegen die Bevölkerung dort und in anderen Regionen weiter. Opfer- und Flüchtlingszahlen können angesichts der Untergangsszenarien nur noch geschätzt werden.

Die sich zuspitzenden Widersprüche verlangen seit langem nach Lösungen. Doch tasten alle bisherigen Unternehmungen internationaler Organisationen zur Linderung der Dramatik die bestehenden gesellschaftlichen Machtverhältnisse nicht an und fruchten somit, wenn überhaupt, kaum. Die Ergebnisse der im Jahr 2000 von der 55. Vollversammlung der Vereinten Nationen propagierten großen Millenniumsziele, die bis 2015 erreicht werden sollten, sind mehr als zwiespältig. So sollte die »extreme Armut« (Pro-Kopf-Einkommen unter einem Dollar) halbiert werden. Das sei gelungen, wurde schon 2013 gejubelt; dass dieses Ergebnis vor allem dem chinesischen Wirtschaftsboom, der die Armutsrate im Reich der Mitte von 60 auf zwölf Prozent fallen ließ, zu verdanken war, geriet zur Randnotiz. Nach wie vor leben im subsaharischen Afrika, in den Zentren des Neokolonialismus, etwa die Hälfte der Bevölkerung (48 Prozent) in Umständen, deren Bezeichnung als »extreme Armut« ein Euphemismus ist.

Eine Verharmlosung der tatsächlichen Situation kennzeichnet zudem die weiteren »Erfolgsmeldungen«, als die sie medial verkauft werden. »Ebenfalls erreicht wurde das Ziel, den Anteil der Menschen zu halbieren, die keinen Zugang zu sauberem Trinkwasser haben. Noch immer müssen aber etwa eine Milliarde Menschen schmutziges Wasser trinken. Auch das Vorhaben, die Lebensbedingungen von mindestens 100 Millionen Slumbewohnern erheblich zu verbessern, konnte bereits lange vor 2015 umgesetzt werden – wobei die absolute Zahl der Slumbewohner wächst, auch wegen der zunehmenden Verstädterung« (Spiegel online, 1.10.2013).

Offen zugegeben wurden die verfehlten Ziele bei der Senkung der Kindersterblichkeit, bei Todesfällen von Müttern bei Geburt ihrer Kinder, bei »ökologischer Nachhaltigkeit«. In Afrika stirbt immer noch jedes neunte Kind unter fünf Jahren, zumeist an vermeidbaren Krankheiten. Die Zahl der Todesfälle von Müttern bei der Geburt ist zwar fast halbiert worden, angestrebt war allerdings ein Rückgang um drei Viertel. Die Ausbreitung von HIV wurde nicht zum Stillstand gebracht. Der CO_2-Ausstoß ist seit 1990 weltweit um mehr als 46 Prozent gestiegen. Fast ein Drittel der Meere ist überfischt, in Südamerika und Afrika werden jährlich Millionen Hektar Wald zerstört. Das Artensterben hält an.

Verblüffen mag angesichts der deprimierenden Fakten, hinter denen sich das Schicksal von Milliarden Betroffener verbirgt, das Ignorieren der in der kolonialistischen Unterdrückung liegenden Ursachen und deren anhaltender Auswirkungen. Und: Die Skrupellosigkeit, mit der sich die Schuldigen an der Misere als Wohltäter aufspielen, obwohl sie selbst auch aktuell das Haupthindernis für eine Befreiung des Südens vom Elend sind. Die vielzitierten neuen Möglichkeiten der Globalisierung hin oder her: Die Besitzverhältnisse bleiben, wie sie sind, ungleich und ungerecht.

Diese Faktenlage kennzeichnete der österreichische Autor und marxistische Analytiker Werner Pirker (1947–2014) wenige Wochen nach dem 11. September 2001 trefflich: »Unter den 100 größten Wirtschaftseinheiten der Welt befinden sich 51 privatkapitalistische Imperien und nur 49 Nationalstaaten. Osama bin Laden mag den Krieg privatisiert haben. Doch was ist ein privatisierter Krieg gegen den Krieg der Privatisierer? 5.000 Milliarden Dollar werden nach IWF-Schätzungen in den ›Steueroasen‹ geparkt und so der globalen Entwicklung der menschlichen Gesellschaft entzogen.« (Pirker, S. 68) Die Zahl der Dollarmilliardäre stieg, so das Wirtschaftsmagazin »Forbes«, im 21. Jahrhundert (2001-2021) von 538 auf 2.755. Deren Vermögen übersteigt das Gesamteinkommen von weit über der Hälfte der Menschheit.

Die von den Globalisierungsideologen beschworene »ganzheitliche Welt, als deren erster Stichwortgeber sich übrigens der letzte Generalsekretär der KPdSU hervortat«, konstatierte Pirker, sei »so ganzheitlich wie die bürgerliche Gesellschaft eine klassenlose. Osama bin Laden mag den Terror globalisiert haben, doch was ist der globalisierte Terror gegen den Terror der Globalisierer? Was ist Al-Qaida im Vergleich zu IWF und Weltbank?«

Vor diesem Hintergrund wird das Streben formal unabhängiger, doch neokolonialistisch gelenkter Staaten nach tatsächlicher Unabhängigkeit zu einer unrealistischen Entwicklungsvariante. Versuche wie zunächst in Nicaragua, Burkina Faso oder Südafrika von der einsetzenden Untergangsphase der Bipolarität in den 1980ern an bis in heutige Zeiten der imperialistischen Globalisierung scheiterten. Die elf Staaten der ALBA-Handelsgruppe (Bolivarische Gemeinschaft der Völker unseres Amerika) in Zentralamerika und dem nördlichen Südamerika, darunter Bolivien, Ecuador, Kuba und Venezuela, blieben Ausnahmen, die es schwer haben. Länder, die trotz der Folgen Eigeninteressen vertraten, sich also gegen die angestammte koloniale Bevormundung wandten und zudem versuchten, auch international Widerstandsstrukturen zu stärken – wie beispielsweise mit der Afrikanischen Union (AU) als gesamtkontinentalem Staatenbündnis –, ernteten Sturm.

Zum Beispiel Côte d’Ivoire

In Côte d’Ivoire (Elfenbeinküste) entwickelten die ehemaligen Kolonialisten zunächst eine facettenreiche Breite an Maßnahmen, um – aus ihrer Sicht – Schlimmeres zu verhindern. Dort deutete sich zu Beginn des dritten Jahrtausends politische Widerborstigkeit an. Die ehemalige französische Kolonie am Golf von Guinea, der führende Baumwollproduzent des Kontinents und einer der wichtigsten Kakaoexporteure der Welt, zudem reich an Kautschuk und Bananen, außerdem auch an fossilen Brennstoffen, scherte aus. Die seit ihrer Unabhängigkeit 1960 autoritär vom frankophonen Staatspräsidenten Félix Houphouët-Boigny bis zu dessen Tod 1993 regierte Republik betrat einen Sonderweg.

Wahrscheinlich gewannen die Überlegungen für einen eventuellen Regime change bereits 2001 Konturen. In den folgenden dramatischen zehn Jahren wurde das Land zum Beispiel dafür, welche Register gezogen werden können, um die koloniale Vorherrschaft zu erhalten: von politischem Druck über die Einschaltung des UN-Sicherheitsrates, der ECOWAS (Westafrikanische Wirtschaftsgemeinschaft) und AU bis hin zur Etablierung von Blauhelmen mit »robustem Mandat« an der Seite der alten und neuen Kolonialmacht Frankreich. Das Vorgehen kann – in verschiedenen Varianten – überall als Blaupause dienen.

2001 hatte Präsident Laurent Gbagbo erstmals von einer Revision jener Verträge gesprochen, »von denen die Unternehmen der alten Kolonialmacht profitieren, mit der Houphouët-Boigny stets beste Beziehungen unterhalten hatte« (Le Monde diplomatique, zitiert nach: junge Welt, 10.8.2012). Tatsächlich war »Der Alte«, wie Houphouët-Boigny genannt wurde, nicht nur ein autokratischer Herrscher aus dem Bilderbuch, sondern auch ein zuverlässiger Garant für den Erhalt kolonialen Einflusses gewesen. Französische Firmen wie France Télécom, Wasser- und Elektrizitätsgesellschaften, der mächtige Baukonzern Bouygues SA, Schokoladenhersteller und Plantagenbesitzer mussten nun um ihre Pfründe fürchten. Zudem waren vor der Küste der Côte d'Ivoire umfangreiche Öl- und Gasvorkommen entdeckt worden, für den Staat inzwischen eine sprudelnde Einnahmequelle.

Die offene Konfrontation begann nach einem Putschversuch 2002 durch Offiziere der ivorischen Armee, die – seit dem Mord an Thomas Sankara –von dem an Frankreich orientierten Nachbarn Burkina Faso gestützt wurden. Er führte letztlich zur Spaltung des Landes unter maßgeblicher Beteiligung der 1.400 Mann starken französischen Kolonialtruppen der »Opération Licorne« (»Operation Einhorn«), die einen Korridor zwischen Nord und Süd einrichteten und kontrollierten. Die Luftwaffe Côte d'Ivoires wurde auf Befehl des französischen Präsidenten Jacques Chirac (1995–2007) zerstört. Frankreich moderierte 2003 die Konferenz der Konfliktparteien in Linas-Marcoussis nahe Paris, die maßgeblich zur diplomatischen Etablierung der Putschisten als der legalen Regierung gleichgestellte Kraft beitrug. Ein Fahrplan zur »nationalen Versöhnung« wurde ausgearbeitet, an dessen Ende Präsidentschaftswahlen und also die Ablösung Gbagbos stehen sollten – so das französische Kalkül.

Der UN-Sicherheitsrat wurde 2003 eingeschaltet, der zur Umsetzung des Plans die Entsendung von bis zu 10.000 Blauhelmen beschloss. Nach neuen Kämpfen und etlichen Turbulenzen wurden 2007 die Putschisten aus dem muslimischen Norden an der Regierung beteiligt, doch kam es nicht zur vorgesehenen Bildung einer einheitlichen Armee. Zwar wurde im Oktober und November 2010 tatsächlich abgestimmt. Allerdings war angesichts der inhaltlichen Konfrontation klar, dass der Konflikt nicht per Stimmzettel zu bewältigen sein würde.

Der Rest ist Geschichte, in der sich die beiden Parteien über das Wahlergebnis streiten, das bei etwa fifty-fifty lag, und sich zwei Präsidenten vereidigen lassen. Der eine – Gbagbo – wurde schließlich von Rebellen, Blauhelmen und »Einhörnern« aus dem Amt entfernt. Alassane Ouattara, der Favorit des Westens, erhielt das Zepter und ermöglichte Frankreich die Re-Etablierung der Herrschaft und der EU günstige Handelsbedingungen – nicht nur für ivorische »Kolonialwaren«.

Hatte Frankreichs Präsident Nicolas Sarkozy noch zu Beginn seiner Amtszeit 2007 verkündet, die Truppenpräsenz in Afrika verringern zu wollen, richtete sich die Kolonialmacht zwischenzeitlich auf fünf Stützpunkten in der Sahelzone ein: Mali, Mauretanien, Niger, Tschad und Burkina Faso.

Die Mali-Krise 2011/2013, entscheidend befördert durch den von Frankreich initiierten Sturz und die Ermordung von Libyens Staatschef Muammar al-Gaddafi und den Zerfall des nordafrikanischen Landes, eines mächtigen Ölproduzenten, nutzte die Kolonialmacht dazu, ihre alte Kanonenbootpolitik wieder zu etablieren. Dabei gilt: Wer von Mali und der Sahelzone redet, muss auch »Niger« denken. Dort fördert der staatliche Pariser Energiekonzern Areva 80 Prozent des für Frankreichs Kernkraftwerke benötigten Urans und also zugleich das spaltbare Material für seine Atomstreitmacht. Das Vorgehen Frankreichs erinnert zwingend an die ausgehende Kolonialzeit: Damals »liebäugelte Paris mit der Errichtung eines separaten Sahara-Staats, um sich dessen Ressourcen zu sichern« (Le Monde diplomatique, 9/2014, S. 11).

Ein makabrer Treppenwitz der Mali-Geschichte: Darin agierte der Mörder des burkinischen Präsidenten Thomas Sankara und Nachfolger im höchsten Staatsamt, Blaise Campoaré, als Vermittler für die westafrikanische Wirtschaftsgemeinschaft ECOWAS. Währenddessen sorgte er im eigenen Land Burkina Faso mit Gewalt und Wahlmanipulationen für den Erhalt seiner Ordnung – zumindest schien es über Jahrzehnte so. Dann gingen Hunderttausende gegen ihn auf die Straße. Das Kapitel seiner Selbstbereicherungspolitik als neokolonialem Stellvertreter der alten Kolonialmacht endete schließlich nach 27 Jahren im Oktober 2014, als er den Massenprotesten weichen musste und das Land Hals über Kopf verließ. Er floh ins Nachbarland Côte d'Ivoire, inzwischen erneut in kolonialer Hand.

Danach übernahm zunächst die – bisher ebenfalls mit Paris verbundene – Militärführung die politische Macht. Das funktionierte nach dem Muster des ägyptischen Frühlings, der nach einer zweijährigen Übergangszeit mit der Wiederherstellung der überkommenen US-Vorherrschaft sein bitteres Ende fand. Burkina Fasos Bindung an den »afrikanischen Franc« (Franc-CFA) bleibt, die Banque de France diktiert – wie 1994 – urplötzliche Abwertungen, dekretiert auf diesem Weg Zwangsenteignungen der Bevölkerungen in 14 franko-afrikanischen Staaten. Unterdessen kennzeichnet Instabilität die Gesamtlage. In Burkina Faso putschte im September 2015 Campoarés ehemalige Präsidentengarde, in Mali (2021) und Gabun (2023) wurde die bis dahin zuverlässig frankophone Herrschaft gestürzt. Insgesamt kam es in Afrika seit 2020 zu sieben Staatsstreichen.

Gegenkräfte formieren sich

Deutliche Konturen, die darauf hinweisen, dass die Unipolarität mit einer alles dominierenden Supermacht nicht von Dauer sein muss, haben sich inzwischen abgezeichnet. Konkret: Die ab 1990 triumphierenden Protagonisten einer globalen Kapitalherrschaft mit Washington als Weltzentrum wurden etwa seit der Jahrtausendwende ökonomisch nach und nach immer stärker angeschlagen.

Angesichts des Schwächelns insbesondere der Supermacht USA fällt dabei besonders die Disproportionalität zwischen wirtschaftlichem Output und militärischer Hochrüstung ins Auge. Washington, also die Bevölkerung des »Landes der Freien und Tapferen«, trägt etwa 50 Prozent der globalen Rüstungskosten, vertritt seine selbsterklärte, messianische Führungsrolle notfalls auch militärisch und wird so zu einem weltweiten Risiko.

Zwar bleiben die Vereinigten Staaten mit einem Bruttoinlandsprodukt von 23,3 Billionen (2021) die globale Nummer eins, doch sank ihr Anteil an der Weltproduktion im Zehnjahreszeitraum (2012–2022) von etwa 20 auf 15,5 Prozent.

Insbesondere die Volksrepublik China (Bruttoinlandsprodukt 2021: 17,7 Billionen US-Dollar) etablierte sich mit dauerhaft hohen Wachstumsraten und wurde zum wichtigsten US-Konkurrenten.

Das Wirtschaftsbündnis BRICS (Brasilien, Russland, Indien, China, Südafrika) formierte sich 2014 zudem als zukünftige potentielle Gegenspielerin zu den gesamtkapitalistischen Regulierungs- und Lenkungsinstrumenten IWF (Internationaler Währungsfonds) und Weltbank, die von den USA und der EU dominiert werden. Die New Development Bank der BRICS mit Sitz in Shanghai verfügt über ein Eigenkapital von 100 Milliarden Dollar und soll Struktur- und Entwicklungsprojekte fördern.

Die reichen Staaten, die einst die Erde unter sich in Claims absteckten, sehen sich inzwischen häufig gezwungen, neue Wege zur Sicherung ihrer Herrschaft zu suchen. Stabile Ausbeutungsstrukturen zu erhalten, wird angesichts der wachsenden Gegensätze schwieriger. Fluchtbewegungen großen Ausmaßes auch nach Norden zeugen überdeutlich davon. Die Zahlen erreichten alljährlich neue Höchstwerte und werden absehbar weiter steigen. Europa schirmt sich ab, versucht einerseits, Afrika abzuschotten, andererseits auf dem Kontinent selbst die jeweiligen nationalen Repressionsinstrumente zu nutzen und auszubauen.

Dass im 21. Jahrhundert immer noch Abermillionen Menschen vom Hungertod bedroht sind, sei »eigentlich ein Ding der Unmöglichkeit. Lebensmittel stehen jederzeit an jedem Ort der Welt zur Verfügung, wenn auch zu einem hohen Preis«, beklagt Jean Ziegler. Den zu zahlen, liegt den Profiteuren in der EU und deren afrikanischen Vertretern ebenso fern wie der Einsatz geeigneter Regulierungsmethoden, die eine Zerstörung der einheimischen Produktion verhindern würden, etwa durch die Errichtung von Zollschranken für Nahrungsmittelimporte EU-subventionierter Dumpingpreisprodukte.

Bei den meisten der neokolonial regierten Staaten im globalen Maßstab handelte es sich um die Elendsten der Elenden – in der UN-Rangskala des menschlichen Entwicklungsniveaus sind sie allesamt im letzten Viertel der insgesamt 186 Staaten umfassenden Liste zu finden. Das tägliche Pro-Kopf-Einkommen liegt jeweils unter einem Dollar. Hungersnöte und Seuchen – zuletzt durch Covid-19, den HI-Virus und den Ebola-Virus ausgelöst, auf Madagaskar brach die Pest aus – fordern Millionen Todesopfer, die dürftige soziale Infrastruktur reicht nicht einmal zu einer leidlichen Versorgung der Kranken oder für Bildung. Die Preise für lebensrettende Arzneien übersteigen die finanziellen Möglichkeiten der Patienten. Etwa ein Viertel der mit dem HI-Virus Infizierten, so die UN (2022), erhält keinerlei Medikamente.

Der verfahrene, dem System einseitiger Abhängigkeit geschuldete Zustand erzeugt Unmut, Widerstand und Formen sozialen Protestes. Dieser entwickelt sich bedauerlicherweise seit Jahren häufiger auf ethnischer und religiöser Ebene. Drastische Beispiele aus jüngster Zeit betreffen fast ausnahmslos alle meist mit Waffen ausgetragenen Konflikte. Dabei bilden die Unterschiede bezüglich Ethnie und Glauben lediglich die Erscheinungsebene. Ob es den Agierenden bewusst ist oder nicht, sie bedienen jeweils auch die Interessen nationaler Eliten oder ausländischer Mächte.

Mit dem Öl des westafrikanischen Staates Nigeria decken die USA etwa ein Zehntel ihres gigantischen Energiebedarfes. Wie dort das Zusammenspiel zwischen multinationalen Unternehmen und Regierungen funktioniert, enthüllte Ende 2010 die Internetplattform WikiLeaks durch die Veröffentlichung von US-Botschaftsdepeschen. Demnach teilte die Botschaft Washingtons in Abuja dem State Department mit, dass das Unternehmen Shell die nigerianische Regierung »infiltriert« habe. »In allen relevanten Ministerien«, so habe die Konzernvertreterin Ann Pickard der Botschaft berichtet, sei Shell vertreten und wisse »alles«, was dort geschehe – unter anderem, dass Rivalen wie die russische Gazprom oder chinesische Firmen versuchten, sich im Land zu platzieren. Um das zu verhindern, habe sie über die Botschaft beim State Department um Unterstützung angefragt.

Über vierzig Prozent der gesamten nigerianischen Ölproduktion werden in die USA geschafft. Das Land selbst ist dazu gezwungen, Benzin zu importieren – und zwar, mangels eigener Raffinerien, seinen gesamten Bedarf. »Ich fasse es nicht: Als achtgrößter Erdölerzeuger der Welt und größter Afrikas leidet Nigeria unter empfindlichem und chronischem Treibstoffmangel«, formulierte Jean Ziegler 2008 (»Der Hass auf den Westen«, S. 218) zu den Auswirkungen des Neokolonialismus in den betroffenen Ländern des Südens.

Das gewaltige Niger-Delta mit einer Fläche von mehr als 70.000 Quadratkilometern gehört zu den ökologischen Krisengebieten der Erde und gilt als weitgehend verseucht. Einerseits sorgen Öl-Leckagen für Verschmutzungen großen Ausmaßes – »verursacht durch Fehlbedienungen der hoch komplizierten Förderanlagen oder durch Materialfehler«. Die Luft wird wegen der Verschmutzung durch ausströmendes oder verbranntes Gas auf Dauer zu einer tödlichen Gefahr für die Bewohner. »Tag und Nacht flammen die Fackeln, gigantische Feuersäulen, die in den Himmel schießen. Vollkommen straffrei« (ebd., S. 152).

Ölleitungen werden immer wieder undicht, mit verheerenden Folgen für das Grundwasser. Küstenfischerei wird zu einer fernen Erinnerung. »So haben die Beutejäger der transkontinentalen Ölkonzerne mit ihrer hemmungslosen Profitgier die Existenz von Millionen nigerianischen Fischern, Landwirten, Viehzüchtern und Gemüsebauern zerstört« (ebd., S. 153). Der mächtigste Ölkonzern unter den Ausbeutern ist die Royal Dutch Shell Group, die ein Pipelinesystem von über 6.000 Kilometern betreibt und offshore wie an Land Tausende Ölquellen besitzt.

Neunzig Prozent der Deviseneinnahmen des Landes werden im Niger-Delta erwirtschaftet. Die etwa 27 Millionen Bewohner dort müssen mit weniger als einem US-Dollar täglich auskommen und bohren in ihrer Not schon einmal die eine oder andere Pipeline an oder fordern Lösegeld für entführte Mitarbeiter von Ölkonzernen. Zu grundsätzlichen Veränderungen der Strukturen von privater Aneignung und gesellschaftlicher Unterdrückung führte der Widerstand bisher indes nicht.

Die in der Hafenmetropole Lagos sowie in der Hauptstadt Abuja angesiedelte Elite, die »Militärpaten«, wie Ziegler sie nennt, kassierten zwischen 1997 und 2007 jährlich zehn bis zwölf Milliarden US-Dollar. Afrikaspezialist Jean-Christophe Servant errechnete, dass von den »350 Milliarden Petrodollar, die seit der Unabhängigkeit eingenommen wurden, 50 Milliarden« im Korruptionsbereich verschwanden. Zugleich fristen neunzig Prozent der – geschätzt – über zehn Millionen Einwohner des Molochs Lagos ihr Leben in ausgedehnten Slums.

Das bevölkerungsreichste Land Afrikas ist seit Langem de facto gespalten, und »die internationale Presse fragt«, so »Le Monde diplomatique«, ob der Riesenstaat »nicht auf eine Teilung zwischen dem muslimischen Norden und dem christlichen Süden zusteuere« (»Das Monster von Nigeria«, in: Le Monde diplomatique, 13.4.2012). Tatsächlich stoßen im westafrikanischen Land am Atlantik die Gegensätze zwischen Verelendung und Reichtum besonders krass aufeinander. Insofern mag Nigeria als prototypisch für die dramatische Entwicklung in verschiedenen Teilen Afrikas angesehen werden.

Die über Jahrzehnte bewusst in Kauf genommene, vom dominanten Westen geradezu veranlasste Massenarmut ließe sich nur durch eine Umschichtung der Öleinnahmen dauerhaft bekämpfen. Dazu müssten allerdings den Energiekonzernen Shell, Chevron, Agip, Total und ihren mit dem nigerianischen Staat verwobenen Subunternehmen vertragliche Fesseln – beispielsweise eine radikale Beschneidung der Profitrate – angelegt werden. Zudem wäre es unumgänglich, die willfährige, korrumpierte Oberschicht in Abuja und Lagos zur Ader zu lassen. Doch fehlen dafür ein politisches Konzept, die Macht und der Wille.

Auch der Südsudan gehört zu den ärmsten Ländern der Erde. »Nirgendwo gibt es so viel Elend, so wenig sauberes Wasser und so viele Analphabeten« – und jetzt wird es »vielleicht wieder Krieg geben« (»Der Präsident und der Wurm«, in: Der Spiegel, 50/2010). An moderner militärischer Ausrüstung fehlte es der Rebellenarmee des Südsudan (SPLA/M) nie und auch vor 2005 nicht, als das »Umfassende Friedensabkommen« mit Khartum abgeschlossen wurde. Der nach der Unabhängigkeit von Sudan 2011 entstandene Staat Südsudan ist nach jahrelangen Machtkämpfen quasi nicht mehr existent.

Konkurrenz untereinander

Innerhalb des imperialistischen Lagers existieren zwar Konkurrenzen, je nach Sphäre und Interesse. Auch spielt die Geschichte eine Rolle und dabei besonders die überkommenen Kontakte und Einflüsse. Doch wurden offen ausgetragene Konflikte untereinander bisher weitgehend vermieden. Letztlich vermochte es die Supermacht USA immer noch, ihre Linie zumeist durchzusetzen – notfalls auch im Alleingang. Trotzdem lassen sich die wachsenden Gegensätze nicht durchweg übertünchen.

Bei seinen neuen Kriegen in Westafrika und der Sahelzone baute Frankreich in erster Linie auf eigene Stärke, forderte zwar materielle Unterstützung von Seiten der NATO und der EU, versuchte jedoch, den Einsatz von Soldaten aus den Bündnissen zu vermeiden. Deutlicher traten die Bestrebungen zutage, ökonomisch und politisch seinen Einfluss auf Kosten anderer Kolonialmächte auszudehnen.

So fühlt sich der deutsche Imperialismus offensichtlich »für den Erhalt der elenden Hinterlassenschaft von Großbritannien, Frankreich und den USA« (Arnold Schölzel, in: junge Welt, 6.10.2014) in Vorderasien zwischen der Türkei und dem Süden der Arabischen Halbinsel gefordert und geht mit Rüstungsexporten in Kriegsgebiete und für feudalistisch-autokratische Diktaturen nicht zimperlich um. O-Ton Steinmeier auf der Münchner Sicherheitskonferenz 2014: »Deutschland ist eigentlich zu groß, um Weltpolitik nur von der Außenlinie zu kommentieren.« Insbesondere seit der Eskalation des Ukraine-Konflikts ab 2014 und des russischen Einmarsches 2022 wurden auch autoritäre Regime zu besten Partnern Deutschlands und die Rüstungsindustrie erlebte einen ungeahnten Aufschwung.

Sicherlich kann – noch? – nicht von einer Neuverteilung der kolonialen Einflusssphären gesprochen werden wie in den Jahrzehnten vor dem Ersten Weltkrieg. Doch die Signale hierfür sind nicht zu übersehen. Alle ehemaligen Kolonialstaaten des Nordens versuchen mit verschiedenen, meist aggressiven Mitteln, ihren schwindenden Einfluss auch in ihren alten Kolonien vor allem gegen die Volksrepublik China als weiter erstarkendem Global Player zu halten oder auszubauen.

VII.
IWF, Weltbank, ICC
Machtsäulen des neuen Kolonialismus

Der Rekolonisierungsprozess stützt sich auf wichtige internationale Institutionen, die weitgehend vom Westen gesteuert sind. Sowohl der Internationale Währungsfonds (IWF) als auch die Weltbank (WB) dienen zur Regulierung und Koordinierung des Zugriffs vor allem, aber nicht nur, auf die Länder des Trikont. Ihre Chefposten reservieren diese Superinstitute seit ihrer Gründung nach dem Ende des Zweiten Weltkriegs einerseits den USA, die für die Weltbank zuständig sind, zum anderen den Westeuropäern unter deutsch-französischer Führung.

Die drei imperialistischen Hauptmächte USA, Japan und EU verfügen über etwa 47 Prozent der Anteile, jede für sich besitzt eine Sperrminorität, mit der notfalls unbotmäßige Vorhaben der sogenannten Entwicklungs- und Schwellenländer blockiert werden können. Das ist deswegen kaum erforderlich, weil ein Netz von Abhängigkeiten Eigeninitiativen der insgesamt 189 (2022) Mitgliedsländer verhindert. »One country – one vote« gilt im IWF nicht, eher »one dollar – one vote«. Er sei eine »Demokratie besonderen Typs«, wertete Jean Ziegler (»Die Herrscher der Welt«, S. 176). Über Macht und Einfluss entscheidet die Größe eingesetzter Geldpakete.

Der IWF mit seinen 2.600 Beschäftigten hantiert mit 750 Milliarden Dollar. Eine weitere Aufstockung der Finanzmittel auf über eine Billion erfolgte 2012 unter anderem als Reaktion auf die griechische Finanzkrise. Die reiche EU-Region wurde nach 30 Jahren Abstinenz wieder zum IWF-Tätigkeitsfeld. Dessen damalige Präsidentin Christine Lagarde bemerkte dazu: »Als die europäische Währung eingeführt wurde, dachte niemand daran, dass ausgerechnet ein Land der Eurozone ein finanzielles Unterstützungsprogramm Europas und des Internationalen Währungsfonds benötigen würde. Das war einfach unvorstellbar« (»Madame Chairman«, in: Hintergrund 4/2012, S. 56).

Bis dahin lenkte der IWF vor allem die Ökonomie ehemaliger Kolonialstaaten. Oblag ihm zunächst die Überwachung des Systems fester Wechselkurse zur Sicherung der weltweiten Dollar-Führungsrolle, so widmete er sich seit Anfang der 1980er Jahre der Dritte-Welt-Schuldenkrise. Er praktizierte – in den Ländern des Südens, dann nach 1990 auch in Osteuropa – eine aggressive Finanzpolitik, die den betroffenen Ländern »Strukturanpassungsprogramme aufoktroyierte« (»Der Internationale Währungsfonds«, in: Hintergrund 1/2012, S. 31). Er nahm zudem immer stärker die Funktion wahr, dem Engagement vor allem der chinesischen Volksrepublik in Asien, Afrika und Lateinamerika, aber auch von verschiedenen Staatenbündnissen der Schwellenländer, Grenzen zu setzen. Es wurde zur Gefahr, weil es bei ihnen nicht um die Restaurierung des alten kolonialen Ausplünderungsprinzips und um die Schaffung neokolonialer Abhängigkeiten ging, sondern häufig um ein neues Handelsmodell auf Gegenseitigkeit, das zudem die Eigenständigkeit des Partners förderte.

Spektakuläres Beispiel hierfür ist die Demokratische Republik Kongo (DRK). Im Herbst 2007 war der Mega-Deal zwischen dem Land am Kongo-Fluss und der VR China bekannt geworden. Es handelte sich dabei um ein Joint-Venture-Projekt, an dem drei chinesische Firmen zu 68 Prozent und das kongolesische Minenunternehmen Gécamines zu 32 Prozent beteiligt waren. Das Geschäft umfasste die Förderung von zehn Millionen Tonnen Kupfer und 600.000 Tonnen Kobalt. Dafür würde die neue Gesellschaft neun Milliarden Dollar in die Infrastruktur investieren – ein Drittel zur Wiederherstellung der Minen, zwei Drittel in Verkehrswege (Straßen, Eisenbahn, Flughäfen)

– sowie in die Errichtung von 31 Krankenhäusern, 145 Gesundheitszentren, 5.000 Sozialwohnungskomplexen, zwei Wasserkraftwerken und zwei Universitäten. China würde das benötigte Geld zunächst einmal vorstrecken, so dass das Projekt direkt hätte in Angriff genommen werden können.

Der Vertrag war »das wichtigste Dokument für den Kongo seit dem Zehnjahresplan von 1949«, meinte der belgische Historiker und Archäologe David van Reybrouck (S. 622). Das Land würde zu einer riesigen Baustelle werden, wobei alle Beteiligten profitierten. Präsident Joseph Kabila könnte der durch anderthalb Jahrzehnte Krieg geschundenen und ausgemergelten Bevölkerung demonstrieren, dass ihr der Reichtum an Bodenschätzen zugutekommen kann – anders als in den Jahrzehnten der Herrschaft von Mobutu Sese Seko.

Peking ging es zwar auch um die Schätze in der Provinz Katanga, versprach dafür jedoch – anders als alle Plünderer zuvor, die die Regierenden geschmiert und dafür günstige Ausbeutungskonditionen erhalten hatten – Entwicklung. Mit dem Deal war China zugleich auf einem guten Weg, eine politökonomische Konzeption für die Beziehungen zum afrikanischen Kontinent zu realisieren, die mit der überkommenen neokolonialen Abhängigkeit brach. Folglich gerieten der IWF wie auch die Weltbank in Aufruhr und veranstalteten einen Kassensturz, dessen Ergebnis dazu dienen sollte, den kongolesisch-chinesischen Vertrag auszuhebeln.

13 Milliarden Dollar Schulden hatten sich während der Mobutu-Diktatur aufgehäuft – auf mindestens vier Milliarden Dollar schätzte bereits Ende der 1980er Jahre die CIA das Vermögen des »Königs der Diebe« (Ziegler). Allein auf Schweizer Konten hatte der große Mobutu-Clan vier Milliarden Dollar gebunkert. Kein Cent davon floss zurück in den Kongo. Der IWF führte gegenüber Kinshasa also die sogenannten Schulden ins Feld, über ein Jahrzehnt nach dem Sturz des Verursachers, und sicherte sich so seinen Einfluss auf das an den Rand der

Zahlungsunfähigkeit gedrängten Landes: Neun der 13 Milliarden Dollar könnten gestrichen werden, wenn – so eine der Bedingungen dieses Erpressungsmanövers – der Vertrag mit China revidiert würde. Der kongolesischen Regierung blieb keine Wahl. Ein neues Abkommen von wesentlich geringerem Umfang wurde mit Peking ausgehandelt.

Der IWF setzte seine Politik der Daumenschrauben für Kreditnehmer fort. Die den betroffenen Staaten aufgezwungene »Strukturelle Anpassungspolitik« (SAP) wurde seit jeher begleitet von streng kontrollierten Auflagen, die wiederum massenhafte Verarmung verursachten. Dazu gehören die Aufhebung von Zöllen zum Schutz einheimischer Produkte, Abwertung der Währung, Privatisierungen, Kürzungen im öffentlichen Dienst, was besonders prekäre Auswirkungen auf die Bereiche Bildung und Gesundheit hat.

Wenn dann noch, wie beispielsweise in Nigeria, Investitionen in überlebenswichtige infrastrukturelle Sektoren wie dem Transport wegfallen, entsteht die paradoxe Situation, dass das Benzin im Ölförderland teurer wird als in den USA, der Abnehmerin des nigerianischen Öls. Nigeria brauche vor allem ein »besseres Management« bei der Ausbeutung seiner enormen Ressourcen und eine »Reform des Finanzsektors«, erklärte dagegen Lagarde marktkonform. Für den IWF sei der Staat am ressourcenreichen Golf von Guinea hierbei »ein Vorreiter in der Region« (»Madame Chairman«, in: Hintergrund, 4/2012, S. 56).

Ihren Worten folgten zwei Wochen später scharfrichterliche Taten. Am 1. Januar 2012 verkündete Präsident Goodluck Jonathan ohne Vorwarnung die sofortige Rücknahme aller Subventionen auf Treibstoffe. Innerhalb von Stunden erhöhten sich die Benzinpreise um das nahezu Dreifache von 65 Naira (35 US-Cent) auf 150 Naira (93 US-Cent) pro Liter. »Die Wirkung war in der ganzen Wirtschaft einschließlich der Preise für Getreide und Gemüse zu spüren.« Das Land werde »systematisch in Chaos und einen bürgerkriegsähnlichen Zustand getrieben«, wertete der Wirtschaftswissenschaftler Frederick William Engdahl (www.globalresearch.ca, 6.2.2012).

Reuters meldete am 29.12.2011, dass der IWF »von Ländern West- und Zentralafrikas verlangt, Treibstoffsubventionen aufzuheben, da sie angeblich nicht effektiv als direkte Unterstützung der Armen sind, jedoch Korruption und Schmuggel förderten«. Die Regierungen von Nigeria, Guinea, Kamerun und dem Tschad hätten bereits die Subventionen gekürzt. Für Engdahl stehen die »wahrscheinlichen Verlierer« der IWF-Operation fest: China und die Bevölkerung Nigerias. Peking habe »seit kurzem und nicht überraschend« begonnen, »Vereinbarungen mit der Lagos-Regierung zur Exploration und Errichtung von Ölanlagen zu suchen« (ebd.). Das Reich der Mitte könnte folglich zur echten Konkurrenz für Agip, Shell, Chevron, ExxonMobil und Texaco werden – wie in anderen Staaten Afrikas.

Der ICC

Manche Hoffnung, viele Illusionen, jedoch wenig Nüchternheit begleiteten die feierliche Gründungszeremonie in Den Haag am 11. März 2003. Aus dem Internationalen Strafgerichtshof (International Criminal Court, ICC) sollte, so das Vorhaben, absehbar eine Art »Weltgericht« entstehen. Knapp fünf Jahre nach Verabschiedung des Rom-Statuts, auf dem der ICC basiert, werde ein neues Kapitel in der Justizgeschichte aufgeschlagen, hieß es. »Genozid und Kriegsverbrechen« sollten nunmehr verfolgt, das humanitäre Völkerrecht angewandt und Täter bestraft werden, so die der neuen internationalen Gerichtsbarkeit gestellten Aufgaben.

Längst nagen Kritik und Zweifel am Ansehen der Institution. Angesichts ihrer Tatenlosigkeit »den Völkerrechtsbrüchen der mächtigen Nationen« (»Im Namen der Welt«, in: Hintergrund, 2/2012, S. 24) gegenüber wird inzwischen gar dessen »Legitimität« in Frage gestellt. Ausschließlich Afrikaner standen bisher auf ICC-Steckbriefen, Namen von Rang oder auch nicht, doch Afrikaner. Die ICC-Aktivitäten befeuerten die Kontroverse zwischen Nord und Süd.

Vom Gerichtshof zur Rechenschaft gezogen werden können lediglich Täter aus einem Staat, der das Statut ratifiziert hat. Das trifft derzeit auf 123 Länder zu, darunter alle 27 EU-Mitglieder. 31 Staaten haben das Statut signiert, aber nicht ratifiziert. Etwa 40 Staaten stehen abseits. Auch politische und ökonomische Schwergewichte wie Russland und China haben sich dem Rom-Statut aus unterschiedlichen Gründen nicht angeschlossen.

Einen Sonderweg beschritt die Supermacht USA, die seit geraumer Zeit krasseste Verletzerin von Völkerrecht, was sie zur potentiell wichtigsten Angeklagten des ICC macht. Doch Washington unterzeichnete zwar im Jahr 2000 das Rom-Statut von 1998 – vor allem wohl, um seiner Menschenrechtsrhetorik nicht zu schaden –, erklärte dann aber zwei Jahre später demonstrativ, es ziehe seine Signatur zurück und werde das Statut nicht ratifizieren – ein in der Diplomatie mehr als unüblicher Vorgang, den ansonsten lediglich Israel und Sudan praktizierten.

George W. Bush und Anthony Blair, so meinte einst der britische Rechtsanwalt Steven Kay, besäßen einen »eingebauten Immunitätsschutz«. Zwar können Anklagen auch auf Antrag des UN-Sicherheitsrats sowie auf Betreiben des ICC selbst erhoben werden, doch damit rechnet niemand. Washington braucht angesichts der internationalen Kräftekonstellation nicht zu fürchten, dass die Gesichter von Ex-Präsident George W. Bush, des Kriegsverbrechers, Folterers und Herrn über Mörderdrohnen, und seiner Nachfolger ebenso wie deren schuldig gewordenes Personal auf ICC-Steckbriefen verewigt würden. Insofern behalten die Haftbefehle gegen amtierende und ehemalige Präsidenten afrikanischer Staaten – Sudan, Côte d'Ivoire, Libyen, Kenia – einen faden Beigeschmack. Das gilt insgesamt für die bisherige einäugige ICC-Praxis.

In diese Einäugigkeit passen sich auch die Haftbefehle des ICC vom März 2023 wegen »Kriegsverbrechen« in der Ukraine gegen Russlands Präsidenten Wladimir Putin und dessen Beauftragte für Kinderrechte, Marija Lwowa-Belowa, ein. Eine wesentliche Folge des Versuchs, Putins Bewegungsradius einzuschränken, könnte drängende diplomatische Bemühungen um eine Beendigung des Ukraine-Kriegs stark behindern und verschärft die globale West-Ost-Konfrontation weiter.

Bezüglich der ehemals »Sozialistischen Arabisch-Islamischen Volksrepublik Libyen« hatte sich der damalige ICC-Chefankläger Luis Moreno Ocampo schon bald nach Aufstandsbeginn Mitte Februar 2011 entschlossen, mitzumischen. Libyen ist zwar, wie auch Sudan und Côte d'Ivoire, kein Mitglied des Rom-Statuts, doch wurden schon am 3. März Ermittlungen eingeleitet, am 27. Juni Haftbefehl gegen führende Politiker, darunter Staatsoberhaupt Muammar al-Gaddafi, erlassen.

Während französische und britische Kampfjets mit Bomben und Raketen die Niederschlagung des monarchistisch-islamisch beeinflussten Aufstands verhinderten, die öffentliche Infrastruktur zerstörten und ungezählte Menschen töteten, unterstützte der ICC den völkerrechtswidrigen Krieg mit juristischer Logistik. »Mit ihrer Entscheidung sind die drei Richter dem Gesuch von Chefankläger Luis Moreno Ocampo in Rekordzeit gefolgt. Gerade sechs Wochen ist es her, dass der argentinische Chefankläger in Den Haag Haftbefehl gegen Gaddafi und seine engsten Vertrauten beantragte« (»Haftbefehle gegen das Trio aus Tripolis«, in: Die Welt, 28.6.2011).

Die strafrechtliche Verfolgung Gaddafis durch den Haager Hof wurde Teil der propagandistischen und militärischen Treibjagd. Der »Übergangsrat« der bunten Rebellentruppen setzte ein Kopfgeld von 1,7 Millionen Dollar aus. NATO-Flugzeuge und schwer bewaffnete Aufständische trieben den Oberst schließlich in die Falle. Mit Erlass des Haftbefehls durch den ICC waren

Gefangennahme, Misshandlung und Erschießung des arabischen Afrikaners wenn nicht direkt vorbereitet, so doch massiv befördert worden. Dazu gehören auch die Qualen, denen der Mann seitens der »Befreier« Libyens ausgesetzt war: »Auf Handy-Bildern ist einer der Rebellen zu sehen, wie er dem Diktator einen Stock in den After stößt und sich ein dunkler Fleck auf der Khakihose ausbreitet« (»Tod eines Tyrannen«, in: Der Spiegel, 44/2011).

Angesichts der grausamen Bilder sowie der tagelangen Zurschaustellung von Gaddafis Leichnam sah sich Moreno Ocampo gezwungen, Ermittlungen zu den Todesumständen des Staatsoberhaupts anzukündigen. Es gebe den »ersten Verdacht« eines »Kriegsverbrechens«, verkündete er in New York vor dem UN-Sicherheitsrat (»Verdacht auf Kriegsverbrechen bei der Tötung Gaddafis«, in: faz.net, 16.12.2011). Zu seiner eigenen Verwicklung in den Mordfall Gaddafi schwieg der Chefankläger. Das fatale ICC-Engagement durfte offensichtlich nicht zu einem Thema werden – weder in Libyen und Sudan noch in Côte d'Ivoire. Der Haftbefehl gegen Gaddafi-Sohn Saif Al-Islam gilt nach wie vor, derweil neue Ermittlungen wegen schwerer Menschenrechtsverletzungen seitens der Rebellen nicht vorgenommen wurden (Stand: 2022). Nicht nur diesbezüglich ist der Gerichtshof zu einem Herrschaftsinstrument gegen »Unbotmäßige« geworden, die zudem in aller Regel aus ehemaligen Kolonialstaaten stammen.

Vergleichbares gilt für UN-Sondergerichte wie die mittlerweile beendeten zu Ruanda und – eingeschränkt – Jugoslawien. Die ehemalige Chefanklägerin Carla del Ponte und ihre Kollegen an anderen, in den vergangenen zwei Jahrzehnten eingerichteten UN-gestützten Tribunalen, die »ad hoc« und zeitlich beschränkt zu Konflikten und Kriegen in einzelnen Ländern geschaffen wurden, haben individuelle Schuld angeklagt. Diese wird ausnahmslos unabhängig von historischen und politischen Rahmenbedingungen betrachtet. Ausgeklammert blieben in allen ICC-Fällen, aber auch in Sachen Ruanda und Jugoslawien, die Ursachen für den Völkerrechtsbruch, die in der Regel mit kolonialen Strukturen, neokolonialer Ausbeutung und westlichen Machtansprüchen in untrennbarer Verbindung stehen. Ein derart einseitiges Herangehen schließt per se nicht nur die Sieger als Verdächtige aus, sondern sorgt zudem für eine genehme Auswahl der Angeklagten. Dass seit 2021 acht Führungsmitglieder der terroristischen UÇK (Befreiungsarmee des Kosovo) vor einem weiteren Sondertribunal in Den Haag angeklagt sind, darunter auch deren Führer und spätere Premier und Präsident Hashim Thaçi, ist wachsendem Druck auf die neue kosovarische Elite selbst zu verdanken. Bei Verweigerung einer Zustimmung für das Tribunal wäre sie international diskreditiert gewesen, was die Chancen einer weiteren Loslösung der serbischen Provinz stark geschmälert hätte. Vor einem als alternativ vorgesehenen Kosovo-Tribunal wäre die Gefahr stark gesteigen, dass die Rolle Washingtons, Londons und Berlins bei der UÇK-Formierung offengelegt wird.

VIII. Für eine antikolonialistische Internationale

Überlegungen zum Zustand des sich nicht mehr »Befreiungsbewegung« nennenden Widerstands gegen Unterdrückung und Ausbeutung in aller Welt

> »Der Kolonialismus ist keine Denkmaschine, kein vernunftbegabter Körper. Er ist die Gewalt im Naturzustand und kann sich nur einer noch größeren Gewalt beugen.«
> *(Frantz Fanon, »Die Verdammten dieser Erde«, S. 51)*

Es klang schon damals wie ein Appell, sehr moralisch. Und es bleibt ein Appell. Frantz Fanon formulierte ihn 1961 während des weltweiten Dekolonisationsprozesses, also vor weit über einem halben Jahrhundert. »Die Massen Europas müssen sich darüber klar werden, dass sie sich in der kolonialen Frage oft, allzu oft, mit unseren gemeinsamen Herren verbündet haben« (Fanon, S. 86 f.). Zudem scheinen »die Massen Europas« abgestumpft gegenüber dem Elend außerhalb ihres Horizonts zu verharren. Dabei ist kaum etwas besser geworden seit den Zeiten Fanons, eher schlechter.

Wie ehedem kennzeichnet eine wahrlich unmoralische Ungleichheit auch die »Epoche der Globalisierung« genannte post-bipolare Zeit. Laut UN-Zahlen (2021) hungern weltweit mehr als 820 Millionen Menschen, mehr als zwei Milliarden Menschen haben nicht genug zu essen. Hauptbetroffen ist der Trikont, vor allem in Afghanistan, Äthiopien, Demokratische Republik Kongo, Jemen, Nigeria, Sudan, Südsudan und Syrien. »Alle fünf Sekunden verhungert ein Kind unter zehn Jahren, während hunderte Millionen anderer an Unterernährung und deren schrecklichen physischen und psychischen Folgen leiden«, konstatiert Jean Ziegler in seinem Buch »Wir lassen sie verhungern« (Umschlagrückseite). Hierin bezeichnet er die Ernährungskatastrophe als »Massaker« (S. 23). Es ist menschengemacht und beschränkt sich nahezu ausschließlich auf ehemalige Kolonialgebiete: Zwischen 98 und 99 Prozent aller Betroffenen leben im Süden des Planeten, in den »Entwicklungsländern«.

»Sich darüber klarwerden« fordert Fanon von den »Massen Europas«. Aber das war doch schon immer so, wird geantwortet und eine Unveränderbarkeit der Misere unterstellt und suggeriert, dass es immer so bleibt. Es wirkt als Anleitung zur Resignation, wird zur Litanei der Hoffnungslosen, derjenigen, die aufgegeben haben. Ignoriert oder verdrängt auch die Lichtblicke, die handfesten Siege, der historische Optimismus. Von Algerien bis in die Länder West- und Ostafrikas hatten jene Menschen Geschichte geschrieben, die Fanon in seinem gleichnamigen Werk als »Die Verdammten der Erde« bezeichnete. Angelehnt an Eugène Pottiers unvergängliche »Internationale«.

Es gab eine Periode im vergangenen Jahrhundert, in der der Begriff »proletarischer Internationalismus« eine bedeutende Rolle spielte, der den Zusammenhalt aller Arbeiter der Welt, des internationalen Proletariats verlangte: Die, gleich welcher Hautfarbe, Religion, Nationalität, sollten zusammenstehen gegen ihre Unterdrücker. Der Anspruch wurde von der »Internationalen Arbeiterassoziation« zum Programm erklärt und starb auf den Schlachtfeldern des Ersten Weltkriegs. Und doch blieben danach, vor allem mit dem Sieg der russischen Oktoberrevolution, »Internationalismus« und zunehmend auch »Solidarität« oft beschworene und vielfach praktizierte Werte, die sich tief ins Bewusstsein Vieler gruben. Die Proletarier und unterdrückten Völker der Welt sollten sich vereinigen, so der Wunsch, der durch das zwanzigste Jahrhundert geisterte.

Ein Gespenst ging um. Zu Beginn des dritten Jahrtausends ist es verschwunden, so scheint es. Einstige Protagonisten distanzierten sich in Wort und Tat, indem sie sich an die Seite rekolonialer Gewalt stellten. Wie die damalige Grünen-Vorsitzende Claudia Roth, ehemals Beauftragte der Bundesregierung für Menschenrechtspolitik und Humanitäre Hilfe und seit 2021 Kulturstaatssekretärin, im zerstörten Libyen 2012. »Roth tanzte in Tripolis spontan mit Einheimischen zu libyscher Musik auf dem Markt. Zehn Monate nach der Eroberung der Stadt durch die Rebellenkämpfer gegen Diktator Muammar al-Gaddafi guckte sich Roth gemeinsam mit der Grünen-Europaabgeordneten Barbara Lochbihler die Graffiti der Revolutionäre an den Hauswänden an«, berichtete dpa am 5.6.2012.

Die »Rebellen« – oder gar »Revolutionäre« – genannten Aufständischen hatten zwar Tausende Schwarze, die aus dem subsaharischen Raum kommend für die Republik Gaddafis gearbeitet hatten, massakriert. Lochbihler, ehemals Vorsitzende von Amnesty Deutschland, bilanzierte realistisch, dass sich »auch weiterhin rund die Hälfte der 8.000 Gefangenen in der Hand bewaffneter Revolutionstruppen« befänden. »Immer wieder hörten wir Berichte von Folter und Misshandlung in Gefangenschaft, auch von zahlreichen Todesfällen war die Rede. Selbst zum Verkauf von Gefangenen soll es gekommen sein. Das ist nichts anderes als Sklavenhandel, vor unserer europäischen Haustür.«

Die Stimmung im Land sei »fast euphorisch«. Man spüre »den Durst nach einem Neubeginn«, so die tanzende Roth (Deutschlandfunk, 7.6.2012). Ihr Altvorderer, der ehemalige deutsche Außenminister Joseph Fischer, hatte die Enthaltung der BRD im UN-Sicherheitsrat im März 2011 – die mehrheitlich beschlossene Resolution 1973 billigte einen Militäreinsatz gegen Libyen – als »ein einziges Debakel, vielleicht das größte seit Gründung der Bundesrepublik« bezeichnet (»Tod eines Tyrannen«, in: Der Spiegel, 44/2011). Deutschland hätte die Einrichtung einer Flugverbotszone unterstützen müssen – das

Mandat, das die Westmächte so »großzügig« auslegten, wie der »Spiegel« bemerkte: Sie »wirkten im Kampf gegen Gaddafi de facto als Luftwaffe der Rebellen« (ebd.).

Ein Internationalismus an der Seite der NATO also? Solidarität mit dem Kolonialismus für dessen neue repressive Politik im Süden der Erdkugel gar? Die Verwirrung um Begrifflichkeiten hält an. Hinter ihr versteckt lauert die simple Frage: Which side are you on? (Florence Reece/Pete Seeger) Es ist immer wichtig, sie zu stellen, doch offensichtlich auch immer schwerer, sie zu beantworten in Zeiten der Verwirrung, in denen der Kapitalismus den Eindruck vermitteln will, er sei das letzte Wort der Geschichte, zu ihm gebe es keine Alternative.

Tatsächlich könnte es passieren, dass Unterdrückung, Gängelung, Ausbeutung, Gewalt und Krieg das letzte Kapitel der Menschheitsgeschichte bilden, was allerdings angesichts der menschlichen Fähigkeit zur »Vernunft« nicht zwangsläufig sein muss. Wohl lässt sich analysieren, wie die international organisierte Macht für koloniale Abhängigmachung funktioniert. Und ebenso können Gegenmächte ausgemacht werden. Ob diese letztlich die ihnen innewohnende Kraft für den Erfolg einer antikolonialen Politik umsetzen können, bleibt offen. Der dafür notwendige Wille indes sollte überall eingefordert werden. Der subjektive Faktor entscheidet, wenn die Zeit reif ist.

Internationalistische Positionen hatten es in der Arbeiterbewegung selten leicht, erst recht nicht in Deutschland mit seinen so explizit »deutschen« Arbeitsplätzen. Die Sensibilität gegenüber Dritte-Welt-Themen nahm in den Zeiten des kommunistischen Niedergangs ebenso ab wie die Solidarität mit Unterdrückten. Die anhaltende Ausbeutung der Trikont-Staaten kam auch den ausgebeuteten Arbeitermassen Europas und Nordamerikas in Form von niedrigen Nahrungsmittelpreisen, aber auch von insgesamt billig produzierten Konsumgütern zugute. Nationale Standortpolitik vernichtet internationalistisches Gedankengut.

Bereits in den 1980er Jahren schrumpfte die Fähigkeit, einen antikapitalistischen Kurs einzuschlagen und auch durchzuhalten. Insbesondere der militärische Druck, der durch vom Westen geförderte, aufgebaute und ausgebildete Banden wie zum Beispiel die Unita in Angola und die Renamo in Moçambique ausgeübt wurde und der die jungen Nationalstaaten zerrüttete bis an den Rand des Zusammenbruchs, ließen revolutionäre Entwicklungsstrategien scheitern. Zumindest der europäische Sozialismus als Hinterland hatte nicht die ökonomischen und politischen Potenzen und zudem nicht die moralische Ausstrahlung, um den Niedergang der vom Krieg überzogenen Länder zu verhindern.

Das betraf auch den Sudan, Äthiopien, Ägypten, Burkina Faso, den Südjemen und später, nach dem Zerfall des globalen Alternativsystems, das 1990 gerade unabhängig gewordene Namibia und schließlich 1993 Südafrika. Die Regierungen der vormaligen Befreiungsbewegungen entschieden sich allesamt für einen pragmatischen Weg. Die kapitalistischen Besitzverhältnisse und auch der Großgrundbesitz blieben weitgehend unangetastet. Simbabwe, 1980 unabhängig geworden, steuerte einen eigenständigen Kurs, wurde vom britischen Empire durch Sanktionen bestraft und hatte unter schweren Versorgungsengpässen zu leiden. Erscheinungen wie Korruption und Vetternwirtschaft ließen zudem Vertrauen schwinden.

Mit großer Klarheit blickte Fanon schon 1960 auf die antagonistischen Widerparts der Kolonialgesellschaft: Unterdrückte und Unterdrücker. Dann betrachtete er unter dem Eindruck der Geschehnisse in den bereits unabhängigen Staaten Afrikas die Korrumpierten aus dem eigenen Lager, Schwarze, die bei Gelegenheit weißer als Weiße wurden. Fanon, der Mann mit der dunklen Haut aus Martinique, warnte vor den Irrwegen des »Kompromisses«. Er befürchtete, dass die Dekolonisation scheitern könnte und mir ihr die Ziele, ein geeintes, freies Afrika zu schaffen und einen neuen Menschen.

Tatsächlich blieb der verhasste Kolonialismus in verschiedenen Gewändern – Camouflage! – letztlich präsent. Das Projekt »Dekolonisierung« entwuchs nie richtig den Kinderschuhen. Fanons Buch wurde trotzdem, wie der »Spiegel« 1966 richtig bemerkte, zu einem »Manifest der afrikanischen und gesamt-antikolonialen Revolution« (»Hilft nur noch Gewalt?«, in: Der Spiegel 32/1966). Es war am 6. Dezember 1961 mit einem Vorwort des französischen Philosophen Jean-Paul Sartre (1905–1980), der Fanons Analyse vor allem wegen dessen radikaler, kompromissloser Schlussfolgerungen teilte, in Paris erschienen. Am selben Tag erlag sein Autor in der Nähe von New York einer Leukämie-Erkrankung.

Die koloniale Gewalt, so Fanon, habe nicht nur »den Zweck, diesen unterdrückten Menschen Respekt einzujagen, sie versucht sie zu entmenschlichen«, benutzt zu diesem Zweck eine »zoologische Sprache«. Charles de Gaulle beispielsweise sprach von »gelben Massen«, »man macht Anspielungen ... auf die Ausdünstungen der Eingeborenen, auf die Horden, ... auf das Gewucher und Gewimmel« (Fanon, S. 33). Doch der Kolonisierte lacht, »wenn er in den Worten des andern als Tier auftritt. Denn er weiß, dass er kein Tier ist.« Und genau in diesem Moment, »da er seine Menschlichkeit entdeckt, beginnt er seine Waffen zu reinigen, um diese Menschlichkeit triumphieren zu lassen« (ebd., S. 36).

Die Vorstellung, dass sich das Industrieproletariat des hochentwickelten Kapitalismus im Norden des Erdballs solidarisch verhalten könnte, ist reizvoll, logisch, begeisternd. Indes: Sie wurde nicht zur Realität. Die vorgeblich postkoloniale Welt der EU- und USA-Zentren ist so heil wie zuvor. Kaum sind die Krokodilstränen Brüssels über zu Hunderten vor Lampedusa ertrunkene Schwarzafrikaner getrocknet, gibt »Der Spiegel« Entwarnung. Die Lage da unten sei so arg schlimm gar nicht. »Afrika boomt«, lautete das Motto einer Fortsetzungsserie von 2013 (Der Spiegel, 46-49/2013).

Afrika boomt? Als Beweise für seine sonderbare These führt das Magazin Wachstumsraten an, die nichts über die Verteilung aussagen: der Naturschätze, von Absatzmärkten, des Status einer »jungen hochmotivierten Bevölkerung«. Es ist die alte Leier. Neu ist lediglich: Die Schwarzen Afrikas besitzen inzwischen mehr Handys als die Bewohner Nordamerikas. Doch noch sei die »Wende« nicht geschafft. Sie könne erst dann »nachhaltig« werden, wenn sich »die Afrikaner endlich von ihren Kleptokraten befreien« (ebd.).

»Ihre« Kleptokraten und nicht etwa »ihre« kolonialen, neokolonialen, rekolonisierenden – was immer – Bevormunder. Erhobener Zeigefinger ewig gen Süden gestreckt. Eingenordete Ratgeber aus den Redaktionsstuben der Metropolen, dort, wo Meinung nach Vorgaben der Rohstoffabhängigen in den Konzernetagen produziert wird. Laut Fanon »gemeinsame Herren« (S. 35). Mit denen sollten auch »die Massen Europas« nichts zu schaffen haben. Was ist falsch an moralischen Appellen? Dass sie die Arbeiter, das Proletariat, das Prekariat, die Subalternen nicht erreichen und eben von dort wegbringen, wo sie sich bewusstseinsmäßig seit – gefühlten – Ewigkeiten befinden?

Zum Beispiel Thomas Sankara

Warum ist Thomas Sankara, »Afrikas Che«, in der antiimperialistischen Linken außerhalb Afrikas kaum bekannt? Liegt es daran, dass zu seiner Regierungszeit die Worte »Internationalismus« und »Solidarität« zwar noch Klang hatten, jedoch kaum noch Gewicht? Sicher, das antikapitalistische Weltsystem, das sich als »sozialistisch« verstand, war bereits in einem wirtschaftlichen Zerfallsprozess begriffen. Es war nicht mehr in der Lage, die politische und ökonomische Kraft zur wirksamen Hilfe zu entfalten. Und trotzdem suchte der ivorische Revolutionär einen Ausweg, der zu wahrer Unabhängigkeit führen sollte und als ein Vorbild in Wort und Tat für heute und morgen dienen könnte. Sankara blieb bisher einer der letzten großen Hoffnungsträger der vom Imperialismus abhängigen Staaten in aller Welt – und vor allem der in neokolonialistischen Verhältnissen neu Unterdrückten im Süden, vergleichbar vielleicht mit Venezuelas Hugo Chávez (1954–2013) und Kubas Fidel Castro (1926–2016).

Sankaras Biografie erzählt von einem, inzwischen wie ein Märchen klingenden, historischen Aufbruch aus einer anderen Epoche. Ort der Handlung ist Obervolta, wie das Land hieß, bevor es die Regierung am 4. August 1984, dem ersten Jahrestag der Revolution, zum »Land der aufrechten Menschen« (Burkina Faso) erklärte und es zugleich mit anderer Fahne und neuem Wappen ausstattete: roter Stern auf gelbem Grund, aufgeschlagenes Buch, mit einer Kalaschnikow gekreuzte Feldhacke – Symbole eines außerordentlichen, dem Zeitgeist bereits widersprechenden Weges aus einer Pseudo-Unabhängigkeit. In diese hatte Frankreich seine Kolonie 1960 entlassen und dabei zugleich für eine ungebrochene Kontinuität der Ausplünderung gesorgt.

Präsident Thomas Sankara charakterisierte den alten Status des Staats im Oktober 1983 auf einer Pressekonferenz am Rande eines französisch-afrikanischen Gipfels in Vittel: »Die Afrika-Politik Frankreichs ist sehr französisch, das heißt, sie ähnelt der früheren Politik Frankreichs. Früher war Frankreich in diversen Ländern Afrikas präsent, um entweder einen Staatschef, Führer oder Duodezfürsten an der Macht zu halten, oder um einen neuen anzuschleppen. Heute verhält sich Frankreich immer noch so« (Arte-Dokumentation: »Thomas Sankara – Der Che Schwarzafrikas«, Frankreich 2006, Regie: Robbin Shuffield).

Lebensmittel werden aus Europa importiert, und die Politik in der Hauptstadt Ouagadougou diktiert Paris. »Noch heute liegt die französische Botschaft unmittelbar neben dem Präsidentenpalast. In der Elfenbeinküste gab es damals sogar eine Tunnelverbindung von der Botschaft zum Sitz des Präsidenten Houphouët-Boigny«, berichtete Fidèle Kientega, Sankaras einstiger Berater und spätere burkinische Parlamentsabgeordnete, im Gespräch mit dem Journalisten Karl Rössel (Blätter des iz3w, Heft 306, April 2008). Das Elend wurde so als Endlosschleife programmiert.

Das ehemalige Obervolta hat etwa 16 Millionen Einwohner, von der Fläche her ist es vergleichbar mit Italien, Ecuador oder Neuseeland, es gibt über 90 Prozent Analphabetismus, die Lebenserwartung liegt bei 40 Jahren, es existiert eine hohe Kindersterblichkeit, auf 50.000 Einwohner kommt ein Arzt. Zu Recht gilt das Land als eines der kargen Armenhäuser eines historisch dauervergewaltigten Kontinents. Kein Zugang zum Meer, Wüstengebiet im Norden, eine vorsintflutliche Landwirtschaft. Haupteinnahmequelle sind die Gelder der Millionen Wanderarbeiter, die sich auf den Plantagen der französischen Großgrundbesitzer im Nachbarland Côte d'Ivoire, früher Afrikas Kornkammer am Atlantik, billig verkaufen müssen.

Sankara, 1949 in einer katholischen Familie mit insgesamt zehn Kindern geboren, gilt nach dem Personenarchiv Munzinger »früh« als »linksradikal«. Als Capitaine (Hauptmann) der Fallschirmjäger übernimmt Sankara nach zwei Militärputschen 1980 und 1982 im Januar 1983 den Posten des Premierministers. Frankreichs Präsident François Mitterrand schickt seinen afrikapolitischen Berater nach Ouagadougou. Am 16. Mai führt dieser Gespräche, tags darauf werden Sankara und zwei seiner als »links« bekannten Gefährten verhaftet. Von den vier später »historische Chefs der Revolution« genannten Männern entkommt lediglich Blaise Compaoré.

Bevor eine von breiten Teilen der Bevölkerung getragene Aufstandsbewegung Sankara Anfang August 1983 aus dem Gefängnis in Ouagadougou befreit und damit die weitgehend gewaltfreie Revolution auslöst, schreibt er einen Brief an Maurice Bishop. Sankara kannte den Premier (1979–1983) der kleinen Karibikinsel Grenada persönlich, hatte eine lange Nacht hindurch mit ihm diskutiert über gemeinsame Wege aus der imperialen Umarmung ihrer Länder. Am 19. Oktober 1983 war

Bishop von – wie es hieß – »maoistischen Verschwörern« exekutiert worden. Die USA schickten umgehend Marinesoldaten und beendeten die freundschaftlichen Beziehungen der Insel zu Kuba und Nicaragua. Grenada kehrte zurück in den Hinterhof des angloamerikanischen Big Brother.

Auf der UN-Generalversammlung 1984 erklärt Sankara: »Ich spreche im Namen jener Millionen Menschen, die in Ghettos leben, weil sie eine schwarze Hautfarbe haben. Wir sehen uns als Erben aller Revolutionen auf der ganzen Welt.« Er reist nach Havanna, schließt mehrere bilaterale Handelsabkommen, Kuba schickt Fachleute für Landwirtschaft und aus dem Gesundheitswesen nach Westafrika, burkinische Jugendliche studieren in Kuba. Sankara zeigt sich solidarisch mit den Sandinisten in Nicaragua. Da »sprach der US-amerikanische Botschafter bei uns vor, um ihn aufzufordern, sich nicht in die Angelegenheiten der USA einzumischen«, berichtet Fidèle Kientega (Arte-Dokumentation). Sankara lässt den Vertreter Washingtons abblitzen, setzt ihn vor die Tür. Er wird zum Hoffnungsträger des Südens, zu »einer Art internationalem Politstar« (Munzinger). Er hatte erreicht, was im Afrika jener Tage kaum noch denkbar gewesen war.

Schritt eins: Kampf der Korruption. Revolutionsführer Sankara fährt einen R5. Die luxuriöse Mercedes-Flotte der bisher Regierenden wird stillgelegt und durch kleine Renaults ersetzt. Flüge erster Klasse für Staatsvertreter werden abgeschafft, jegliche Privilegien werden gestrichen, Gehälter dem niedrigen Landesdurchschnitt angepasst. Sankara lebt vor, die anderen haben sich daran zu halten. Kientega: »Es waren diese Aufrichtigkeit und Selbstlosigkeit, die mich am meisten beeindruckt haben, und der Stolz, den viele in unserem Land, die bis dahin weniger als nichts gegolten hatten, für das Erreichte empfanden.« (ebd.) Die nächsten Schritte: Zweieinhalb Millionen Kinder werden geimpft, kostenlos, darunter auch viele aus dem – vermeintlich reicheren – Côte d'Ivoire. Die Kindersterblichkeit wird in kurzer Zeit halbiert. Die Kopfsteuer für Bauern entfällt. Die Feudalherrschaft traditioneller Clanchefs wird in Frage gestellt, eine Landreform in Angriff genommen. Schließlich soll eine Kulturrevolution für allgemeine Bildung und die Gleichberechtigung der Frau sorgen.

Burkina Faso übernimmt eine weltweite Vorreiterrolle im Kampf gegen feudal-religiöse Grausamkeiten: Die Beschneidung von Mädchen wird ebenso verboten wie die Polygamie. Verhütungsmittel werden verteilt, Frauenbataillone aufgestellt. Der traditionelle Machismo steht zur Disposition. Frauen skandieren: Nieder mit prügelnden Ehegatten! Am 8. März, dem Internationalen Frauentag, werden die Männer erstmals angehalten, statt ihrer Frauen auf den Markt zu gehen und danach den Haushalt zu erledigen. Sankara: »Jede Frau muss die Möglichkeit bekommen, auf ehrliche und würdige Weise ihren Lebensunterhalt zu verdienen.« Er hasst Prostitution und Demütigungen.

Der drahtige Mann, meist gekleidet in einen Drillichanzug und mit rotem Barrett auf dem Kopf, vermittelt anschaulich, wie Burkina Faso zu einer tatsächlichen Unabhängigkeit gelangen kann: »Manche fragen: Wo ist der Imperialismus? Den Imperialismus seht ihr auf euren Tellern. Importierter Mais, Reis und Hirse, das ist Imperialismus! Sucht gar nicht weiter.« Er weiß: Die Hand, die mich füttert, bestimmt über mich. Nach dem formalen Rückzug Frankreichs 1960 hatte sich die städtische Elite aushalten lassen von ausländischem Kapital, sich an der sogenannten Entwicklungshilfe bereichert, während die Landbevölkerung in überkommenen Strukturen verelendete.

Nun erklärt der Präsident: »Unser Land produziert genug, um uns zu ernähren. … Die Nahrungsmittellieferungen lähmen uns. Sie verfestigen in unseren Köpfen die Vorstellung, dass wir Bittsteller oder Bettler sind. Wir müssen uns davon unabhängig machen durch unsere eigene Großproduktion. Wir müssen mehr produzieren« (Arte-Dokumentation). Selbst anbauen, selbst verarbeiten, selbst verbrauchen, lautet sein Credo. Dünger und moderne Arbeitsmittel kommen zum Einsatz, die Landreform zeigt Wirkung. Innerhalb weniger Jahre kann sich Burkina Faso nicht nur selbst ernähren, es beginnt, Lebensmittel in die Region zu exportieren.

Als Frankreichs zugesagte Hilfe beim Bau einer Eisenbahnlinie auf sich warten lässt, ruft der Revolutionsrat die Bevölkerung zur freiwilligen Arbeit auf: Subbotnik in Afrika. Abertausende Menschen verlegen Bohlen und Schienen mit bloßen Händen. Um der fortschreitenden Verödung der Böden vorzubeugen, werden Millionen Bäume gepflanzt. Burkina Faso blüht auf und macht Furore.

Präsident Sankara war zum gefährlichen und unberechenbaren Störenfried der postkolonialen Ordnung in ganz Afrika geworden. Félix Houphouët-Boigny, Côte d'Ivoires reaktionärer Präsident, intrigiert, indem er einen Vertrauten Sankaras korrumpiert: Er stellt Blaise Compaoré nicht nur dessen zukünftige Ehefrau vor, er führt ihn an sich und seine Positionen heran – dass auch Bestechungsgelder fließen, bestreitet Compaoré später. Er wird zum Verbindungsmann des Landes zur Côte d'Ivoire. Jean Ziegler stellte im Deutschlandfunk fest: »Wenn Campaoré zum Mörder geworden ist, wenn jemand die Hand von Campaoré gelenkt hat, dann waren es sicher die französischen Geheimdienste.« Sankara habe den Bruch versucht. Sich aber mit Paris anzulegen, »das ist lebensgefährlich« (DLF, 19.10.2007).

Zunehmende innenpolitische Probleme spielen der internationalen Verschwörung in die Hände. Unzufriedene Lehrer streiken – 1.200 bis 1.400 von ihnen werden auf einen Streich entlassen und durch in Schnellkursen ausgebildete Männer und Frauen ersetzt. »In einer Revolution gibt es kein Streikrecht«, sagt Jonas Sawadogo, ein Vertrauter Sankaras. »Es gab Volksversammlungen und viele andere Instanzen, in denen sich jeder und jede zu Wort melden konnte. Aber wer streikte, war automatisch gegen die Revolution und wurde auf die Straße gesetzt. Das war ganz normal« (Arte-Dokumentation).

Sankara versucht die Einheit der revolutionären Bewegung zu erhalten, doch Konkurrenzen, unterschiedliche politische Linien, Streit und persönliche Interessen sorgen für Misstrauen zwischen dem Sankara- und dem Compaoré-Lager. Bis zum Schluss setzt der Präsident auf Verständigung, während sein Widersacher deutlich erkennbar die Gewaltkarte spielen will.

Am 15. Oktober 1987 endete mit Sankaras Ermordung die vierjährige Geschichte des unabhängigen Burkina Faso. Eine Gruppe Elitesoldaten aus der Leibgarde von Blaise Compaoré, des zweiten Mannes im Staat und vermeintlichen Freundes, stürmt den Sitz des Nationalen Revolutionsrats in der Hauptstadt Ouagadougou. Sie erschießen den Präsidenten und mindestens zwölf seiner Gefährten – manche Quellen sprechen von einhundert Toten.

Nach dem Mord erklärt Compaoré, es ginge ihm nun um eine »Berichtigung der Revolution«. Er öffnet den französischen Postkolonialisten umgehend wieder jene Tore ins Land, die Sankara dichtgemacht hatte. Burkina Faso behält seinen Namen, doch fällt das Land historisch um ein Zeitalter zurück, wird quasi wieder zu »Haute Volta«. Das wird zur Drehscheibe des französischen Waffenhandels. Im Krieg um Diamanten rüstet Compaoré Liberias Staatschef Charles Taylor aus.

Im neuen Jahrtausend wird von Burkina Faso aus die militärische Attacke auf den Präsidenten von Côte d'Ivoire, Laurent Gbagbo, vorbereitet. Der burkinische Süden dient den Putschisten von 2002 als Trainingsbasis und Aufmarschgebiet gegen Gbagbo, den in Paris ungeliebten Sozialisten. Im April 2011 wird er von französischen Legionären und von durch UN-Blauhelme gestützten Rebellen gefangen genommen, misshandelt und gedemütigt. Schließlich wird er nach Den Haag überstellt und vor dem Internationalen Strafgerichtshof angeklagt. Als er 2019 tatsächlich freigesprochen werden muss, sitzt sein vormaliger Widersacher, der von Paris gestützte Alassane Ouattara, seit über acht Jahren auf dem Präsidentenstuhl, leitet einige Zeit (2012–2014) gar die frankophone Wirtschaftsgemeinschaft Ecowas, der zuvor u.a. zwei Jahre lang Comparoé vorstand (2008/09). Ouattara wird, wider der Verfassung, 2020 erneut bestätigt, mit über 94 Prozent Stimmenanteil. Gbagbo ist zur Wahl nicht zugelassen.

Die Frage, wie sich der afrikanische Kontinent entwickelt hätte, wenn starke internationalistische Kräfte in der westlichen Welt und im vormaligen Trikont existiert hätten, bleibt hypothetisch, drängt sich aber dennoch auf, weil sie mit Verantwortung zu tun hat. Der wohl organisierte Überbau zur Aufrechterhaltung der alten Ordnung fordert Antworten von denjenigen, die mit ihr nicht einverstanden sind. Zumal in Zeiten, in denen archaische Erscheinungen wie Bin Ladens Al Qaida und deren Ableger in einigen verarmten Regionen Afrikas oder dem Islamischen Staat in Teilen des Irak und Syriens ihr Unwesen treiben. Segelnd unter antiwestlicher Flagge, doch entstanden als Vorhut des Westens, getragen vom kolonialen Erbe und dem Elend, das der US-geführte »Krieg gegen den Terror« zu verantworten hat, drohen sie mit der Errichtung mittelalterlich anmutender Folterregime.

Erinnert sei daran, dass die Familie Bin Laden in den 1960er Jahren reich wurde durch die Erweiterungsbauten der islamischen Pilgerstätten in Mekka und Medina (Saudi-Arabien). Bevor der in Saudi-Arabien geborene Osama Bin Laden zu einer Führungsfigur zunächst der afghanischen Mudschaheddin wurde, führte er ein Luxusleben im Westen. Ab etwa Mitte der 1980er Jahre organisierte er im pakistanischen Peschawar mit Unterstützung der CIA und des pakistanischen Geheimdienstes ISI aus dem Ausland anreisende Gotteskrieger für deren bewaffneten Einsatz in Afghanistan. Der ISIS (Islamischer Staat in Irak und Syrien) als Vorgängerorganisation des IS wurde im Zuge der saudischen Expansionsbestrebungen in der Levante zuvorderst von reichen Geschäftsleuten von der arabischen Halbinsel finanziert und zudem von der feudalistisch-wahhabitischen Familienherrschaft im Folterstaat Saudi-Arabien, einem engen Partner der USA, zunächst wohlwollend behandelt.

Der Geister, die sie riefen, wurden sie – so scheint es – nicht mehr Herr. An deren Herkunft indes möchten sie nicht erinnert werden – nicht nur deswegen, weil sie diese Geister aus Eigeninteresse selbst geschaffen haben, sondern auch, weil die Geister Produkte einer langen Kolonialgeschichte sind, die eben bis in die Gegenwart reicht. Internationalismus impliziert in diesem Kontext jedenfalls, Solidarität mit den Unterdrückten und unter dem IS Leidenden zu organisieren, auch durch die Bekämpfung des imperialistischen neuen Kolonialsystems.

Blockfreie

Zeitensprung zurück: Mit dem Ende der Bipolarität verschwand ebenfalls die jahrzehntelang einflussreiche und beidseitig umworbene »Bewegung der Blockfreien Staaten« (Non-Aligned Movement, NAM) weitgehend. Sie hatte sich außerhalb der NATO und der Warschauer Vertragsstaaten organisiert. Konstituiert 1961 in Belgrad, ging ihr 1955 die bedeutende Konferenz von Bandung voraus, zu deren Abschluss die 29 Teilnehmerstaaten »jede Form von Kolonialismus und Rassendiskriminierung« verurteilten und sich für den »Abbau der Spannungen zwischen den Machtblöcken, eine allgemeine Abrüstung und ein Verbot von Kernwaffen« aussprachen.

Als im Kern antikoloniale Bewegung auf Staatsebene verlangte sie eine Gleichberechtigung und Gleichbehandlung gegenüber den ehemaligen Kolonialmächten und hatte maßgeblichen Anteil am Entkolonisierungsprozess. Führungsaufgaben übernahmen in der Gründungsphase von Jugoslawien unter Staatspräsident Josip Broz Tito, Ägypten mit Gamal Abdel

Nasser und Indien unter Jawaharlar Nehru. Die NAM wurde in den Folgejahrzehnten mehr als nur wahrgenommen, 120 Staaten schlossen sich ihr an. Seit 1990 verlor sie indes stetig an Gewicht. Jugoslawien wurde zerschlagen, viele Mitgliedsstaaten wurden in die Peripherie verdrängt. Zwar existiert die NAM noch, doch befinden sich viele ihrer Mitglieder mehr denn je in Abhängigkeit zu den reichen Staaten des Nordens.

Das kann sich zukünftig in dem Maße ändern, wie sich das weltweite Kräfteverhältnis ausdifferenziert und sich neue Möglichkeiten eröffnen, sich Diktaten zu entziehen, antikapitalistische Positionen zu fundieren und diese auch sozialpolitisch umzusetzen. Bei vielen der neokolonial orientierten Staaten im globalen Maßstab handelt es sich um die Elendsten der Elenden. Interessant könnte die weitere Entwicklung von Staatenbündnissen wie der zum 1. Januar 2024 um einige Staaten zur BRICS plus erweiterten BRICS (bisher: Brasilien, Russland, Indien, China, Südafrika), der »Gruppe der 77« (G77), in deren 134 Mitgliedsstaaten nahezu 80 Prozent der Weltbevölkerung leben, und von kontinentalen Zusammenschlüssen wie der AU (Afrikanische Union) oder der südamerikanischen Staatengemeinschaft UNASUR (Unión de Naciones Suramericanas; Union Südamerikanischer Nationen) werden, die im Widerspruch zu den Interessen des Imperialismus stehen. So verstand sich UNASUR bei ihrer Gründung 2008 als organisierter Widerpart zur 1948 auf Geheiß Washingtons gebildeten OAS (Organisation amerikanischer Staaten). Derzeit befinden sich AU und UNASUR wie auch das karibisch-südamerikanische Bündnis ALBA in einer Entwicklungsphase, die misstrauisch von den westlichen Großmächten verfolgt und bekämpft wird.

Der ökonomische Aufschwung Chinas und die Vorteile, die sich aus den Beziehungen der tendenziell US-kritischen Staatenbündnisse untereinander ergeben, könnten sich als attraktiv und alternativ auch für andere erweisen. Hoffnung existiert. Wie und in welcher Gestalt sich Widerstand formieren wird …?

Wenn der Kolonialismus »die Gewalt im Naturzustand« ist, so Frantz Fanon, dann kann er sich »nur einer noch größeren Gewalt beugen«. Dass bei der Formierung eines neuen Internationalismus Kommunikation und die Koordination von Widerstand eine zentrale Rolle einnehmen werden, haben – trotz aller Widersprüchlichkeiten und Abnutzungserscheinungen – die Weltsozialforen angedeutet. Die von ihnen ausgehenden Impulse reichten indes nicht zur breiteren Verankerung des antikolonialen, emanzipatorischen Gedankens. Die vorhandenen Chancen jedoch wurden deutlich.

Frantz Fanon schrieb sein radikales Manifest »Die Verdammten dieser Erde« in einer Zeit des Umbruchs, dessen Ergebnisse auch von einer Klarheit der Ziele abhingen. Zwischen die Ausgebeuteten und die Macht schiebe sich »eine Schar von Predigern und Morallehrern, die für Desorientierung sorgen«, beschreibt er den Zustand in den »kapitalistischen Ländern« (Fanon, S. 31). Heute verfügt die »Macht« über einen Manipulationsapparat, der stärker scheint denn je. Wie lange er hält, darüber entscheidet indes, was sich bewegt. Hier wie da, Nord und Süd, schwarz und weiß und gelb und rot.

Literaturangaben

Berger, Friedemann (1992), Einleitung zu Christoph Columbus. Dokumente seines Lebens und seiner Reisen. Band 1: 1451 – 1493, Frankfurt/M.

Büttner, Thea (1976), Geschichte Afrikas. Von den Anfängen bis zur Gegenwart, Teil 1, Berlin/DDR (mehrere Teile)

Columbus, Christoph (1991), Dokumente seines Lebens und seiner Reisen, Zwei Bände, Leipzig/Gütersloh

Conrad, Sebastian (2012), Kolonialismus und Postkolonialismus, in: Aus Politik und Zeitgeschichte (APuZ): Kolonialismus (2012), 62. Jahrgang, 44-45/2012

Da Gama, Vasco (1986), Die Entdeckung des Seeweges nach Indien. Ein Augenzeugenbericht 1497 – 1499, Herausgegeben von Gernot Giertz, Berlin/DDR

Diehl, Ernst u.a. (1987), Grundriß der deutschen Geschichte, Berlin/DDR

Engels, Friedrich (1884), Der Ursprung der Familie, des Privateigentums und des Staats, aus: Marx/Engels, Ausgewählte Schriften, Band II, Berlin/DDR 1971, S. 155-301 (zitiert als MEAS)

Fanon, Frantz (1966), Die Verdammten dieser Erde. Vorwort von Jean-Paul Sartre, Frankfurt/M.

Giertz, Gernot (1986): Einleitung zu Vasco da Gama. Die Entdeckung des Seewegs nach Indien. Ein Augenzeugenbericht 1497 – 1499, Berlin/DDR

Gloger, Bruno (1989): Friedrich Wilhelm – Kurfürst von Brandenburg. Biografie, Berlin (DDR)

Goldberg, Jörg (2007), Afrika im Weltkapitalismus – Überleben im Goldland, in: isw Report Nr. 72, München

Hanlon, Joseph (1984), Mozambique: The Revolution Under Fire. London

Heyden, Ulrich van der (2007): Otto Friedrich von der Groeben. Gründer von Großfriedrichsburg, aus »Die Mark Brandenburg«, Zeitschrift für die Mark und das Land Brandenburg, Heft 67

Heyden, Ulrich van der (1993) (2), Rote Adler an Afrikas Küste, Berlin

Hobsbawm, Eric (1998), Das Zeitalter der Extreme. Weltgeschichte des 20. Jahrhunderts, München

Hobsbawm, Eric (1987), Das imperiale Zeitalter. 1875 – 1914, Frankfurt/New York

Lenin, W. I. (1916), Der Imperialismus als höchstes Stadium des Kapitalismus. Gemeinverständlicher Abriss, Petrograd; aus: Lenin Werke 22, Berlin 1972, S. 189-309

Loserth, Johann (2013), Geschichte des späteren Mittelalters von 1197 bis 1492, Bremen

Lüders, Michael (2015), Wer den Wind sät. Was westliche Politik im Orient anrichtet, München

Luxemburg, Rosa (1913), Die Akkumulation des Kapitals. Ein Beitrag zur ökonomischen Erklärung des Imperialismus, Berlin (Nachdruck: Voltmedia, Paderborn)

Marx, Karl (1867), Das Kapital Band 1, MEW 23, Berlin 1962

Marx, Karl (1971), Die britische Herrschaft in Indien, aus: Marx/Engels, Ausgewählte Schriften, Band I, Berlin, S. 317-323

Marx, Engels, Lenin (1959), Über proletarischen Internationalismus, Berlin/DDR

Mbumba, Nangolo / Noisser, Norbert H., (1988), Namibia in History, London/New Jersey

Pirker, Werner (2014), Dialektik der Konterrevolution – Schriften gegen Restauration und Weltordnungskriege, Wien/Berlin

Reybrouck, David van (2013), Kongo. Eine Geschichte, Berlin

Rössel, Karl (1991), Wind, Sand und (Mercedes-)Sterne. Westsahara: Die vergessene Kampf für die Freiheit, Bad Honnef

Sachwörterbuch der Geschichte Deutschlands und der deutschen Arbeiterbewegung (Band 1: 1969, Band 2: 1970), Berlin/DDR (zitiert als SdG)

Sartre, Jean-Paul (1988), Wir sind alle Mörder – Der Kolonialismus ist ein System, Reinbek bei Hamburg

Sartre, Jean-Paul (1968), Kolonialismus und Neokolonialismus. Sieben Essays, Reinbek bei Hamburg

Schmid, Bernhard (2014), Die Mali-Intervention – Befreiungskrieg, Aufstandsbekämpfung oder neokolonialer Feldzug?, Münster

Scholl-Latour, Peter (2001), Afrikanische Totenklage – Der Ausverkauf des Schwarzen Kontinents, München

Speitkamp, Winfried (2007), Kleine Geschichte Afrikas, Bonn

Spufford, Peter (2004), Handel, Macht und Reichtum. Kaufleute im Mittelalter, Darmstadt

Steinberg, Guido (2013), Saudi-Arabien. Politik. Geschichte. Religion, München

Todenhöfer, Jürgen (2013), Du sollst nicht töten. Mein Traum vom Frieden, München

Welker, Kurt (1970), Der vergessene Kontinent. Die Entdeckungsfahrten der Normannen nach Grönland und Nordamerika, Leipzig

Weltgeschichte in Daten (1973), Berlin/DDR

Ziegler, Jean (2012), Wir lassen sie verhungern. Die Massenvernichtung in der Dritten Welt, München

Ziegler, Jean (2008), Der Hass auf den Westen, München

Ziegler, Jean (2003), Die Herrscher der Welt und ihre globalen Widersacher, München

Ziegler, Jean(2005), Das Imperium der Schande, München

Zinn, Howard (2007), Eine Geschichte des amerikanischen Volkes, Berlin

VERLAGSANZEIGE